华尔街之狼

掌握直线销售的艺术

[美]乔丹·贝尔福特 著／贺娟 译

中信出版集团·北京

图书在版编目（CIP）数据

华尔街之狼：掌握直线销售的艺术 /（美）乔丹·贝尔福特著；贺娟译 . -- 北京：中信出版社，2019.1（2025.5 重印）

书名原文：WAY OF THE WOLF

ISBN 978-7-5086-9390-3

I. ①华… II. ①乔… ②贺… III. ①销售方式 IV. ① F713.3

中国版本图书馆 CIP 数据核字（2018）第 200873 号

华尔街之狼——掌握直线销售的艺术

著　　者：［美］乔丹·贝尔福特
译　　者：贺　娟
出版发行：中信出版集团股份有限公司
（北京市朝阳区东三环北路 27 号嘉铭中心　邮编　100020）
承 印 者：北京通州皇家印刷厂

开　　本：880mm × 1230mm　1/32　　印　　张：9.25　　字　　数：150 千字
版　　次：2019 年 1 月第 1 版　　印　　次：2025 年 5 月第11次印刷
京权图字：01-2018-6346
书　　号：ISBN 978-7-5086-9390-3
定　　价：65.00 元

服务热线：400-600-8099
投稿邮箱：author@citicpub.com

目录

序　言　一个销售系统的诞生　III
第 1 章　破译销售和影响力　001
第 2 章　创建直线系统　027
第 3 章　4 秒定乾坤　057
第 4 章　语调和肢体语言　069
第 5 章　状态管理　085
第 6 章　万无一失的状态管理准则　101
第 7 章　进阶的语调　119

第 8 章　进阶版的肢体语言　141

第 9 章　预期管理的艺术　159

第 10 章　直线预期十规则　173

第 11 章　世界级销售演示的艺术和科学　197

第 12 章　循环的艺术和技术　235

结　语　279

附　录　281

致　谢　283

序言

一个销售系统的诞生

关于我的传说都是真的。

有些人是天生的销售员，他们能把冰块卖给因纽特人，把石油卖给阿拉伯人，或者卖掉其他任何你能想到的东西。我就是这样一个人。

但是谁会真正在乎那些呢？

我是说，除非你想雇用我帮你卖产品，否则我完成交易的能力基本上与你无关。

不管怎么样，把任何东西批量卖给任何人的能力是我的天赋；我不确定这种能力来自上帝还是自然赋予，但我非常确定，自己有，而且我不是这个世界唯一天生具备这种能力的人。

有很多人多多少少和我有点儿像。

但为什么说他们只有一点点像我呢？这跟我拥有的另一种天赋有关，一种更稀缺也更珍贵的天赋，一种能给所有人（包括你）带来许多好处的天赋。

这种神奇的天赋是什么呢?

十分简单，那是一种能力，一种能把不同年龄、民族、宗教信仰、肤色、社会经济背景、教育层次、原始销售水平的人快速变成世界级交易达成者的能力。

我知道，这是一个大胆的说法，但请允许我以这样一种方式来阐述：如果我是一个超级英雄，那么训练销售员将会是我的超能力，而且这个世界上没有哪个人能比我做得更好。

这听起来非常可怕，对吧?

我能想象得到你们心里正在想什么。

“这家伙多么骄傲自大啊，如此自负，让我们把这个家伙扔去喂狼吧。”

“哦，等等！他已经是一匹狼了，不是吗？”

实际上，我是一匹已经过了景儿的狼，但是，不管怎样，是时候正式介绍我自己了。

我是“华尔街之狼”，还记得我吗?那个莱昂纳多在大屏幕上扮演的家伙，他用一个看来不可思议的名为“直线”的销售训练系统，把成千上万个并不聪明的年轻人，变成了世界级的交易达成者，还在电影结尾因新西兰人没有用恰当的方式卖一支笔给他而折磨那些惊慌失措的可怜鬼，还记得吗?

在“黑色星期一”[①]之后，我经营着一家无关痛痒的股票经

---

① 代指 1987 年 10 月 19 日的股灾。当日全球股市在纽约道琼斯工业平均指数带头暴跌下全面下泻。——编者注

纪公司——Stratton Oakmont，后来我把这家公司搬到长岛，寻找成功的机会。1988年春天，也就是在那里，我找到了破解人类影响力的密码，并用那个看起来不可思议的系统训练销售人员。

它就是“直线系统”，或者简称为“直线”，这个系统如此强大、高效易学，以至于在被创建后的数日内，就给所有从我这儿习得这个系统的人带来了巨大的财富和成功。因此，成千上万的青年男女冲进我公司的会议室，指望着跳上这棵摇钱树，以实现他们的美国梦。

就绝大部分人而言，他们毫无疑问充其量只是这个社会中极其普通的人——基本上算是美国工薪阶层中惨遭遗忘的一群人，他们的父母从来不会让他们相信自己有能力做伟大的事，他们生而就有的哪怕一丁点儿的实现伟大成就的能力，也在他们出生的那一刻起就被扼杀在摇篮中了。来到我会议室的时候，他们仅仅是在努力生存而不是茁壮成长。

但在一个“后直线”时代，上述任何东西都不再重要，受教育程度、智商水平以及天生的销售能力都无足轻重，你要做的就是来到我面前，承诺你会拼尽一切，而我会教你“直线系统”，让你发家致富。

但是，这种过早的成功也有不好的一面。你知道，这个系统被证明非常有效。它以如此惊人的速度创造了很多新晋百万富翁，使得这些财富新贵跳过了其他人需要经历的塑造其性格的生活磨难，结果就是不受尊重的成功、不受限制的财富和没有责任的权力。事情慢慢变得失控。

就像看似无害的热带风暴乘着大西洋的暖流不断发展变化，直到能摧毁任何挡道的事物，“直线系统”遵循同样令人害怕的发展轨迹：毁灭一切挡道的事物，包括我自己。

实际上，当它结束的时候，我已经失去了一切——钱、骄傲和自尊，有一段时间我甚至失去了我的孩子，当然还有自由。

最糟糕的是，我知道除了自己不能责怪任何人。上帝赐予了我天赋，我却滥用了它，我有一个神奇的发现，却破坏了它。

“直线系统”能以一种神奇的方式改变人们的生活，给那些因不能与他人有效交流思想和想法而无法成就伟业的人提供一个同等的平台，并激励他们积极采取行动。

而我用它做了什么呢？

除了打破一系列危险性毒品吸食量的纪录外，我还用我发现的世界上最有力的销售训练系统实现了我青少年时期曾有过的种种幻想，同时使成千上万的人去做同样的事情。

所以，我罪有应得——我被彻底摧毁了。

但是，当然，故事并没有就这样结束。怎么可能就这样结束呢？一个能为任何学会它的人创造如此巨大财富和成功的系统怎么会如此简单地消失，以至于默默无闻呢？

它不能消失，当然，它也没有消失。

成千上万的前 Stratton 员工离开公司后，开始传播此系统，把它的缩略版带到了不同的行业之中。当然，不管他们走到哪里或者这个版本如何简化，学习“直线系统”的一小部分就已经足以让一个挣扎中的销售人员瞬间变成一个可靠的产出者。

后来我也加入了传播这一系统的行列中。

紧跟着两部非常畅销的自传和一部马丁拍的大片之后，我把“直线系统”的未删减版传播到世界的各行各业，从银行到经纪公司、电话公司、自动化行业、房地产、保险、理财规划，从水管工到医生、律师、牙医、线上线下销售者，涉及范围极广。上一次取得了惊人的成果，这次的成果更胜于上一次。

我在再次教授这个系统前，已经花了整整两年时间逐行破解密码——分析每一个细微差别，使之达到更高水平的可操作程度，确保每一个字都根植于最高水平的道德和正直。

高压的销售战术，受人质疑的语言模式，甚至是为了赚取佣金不惜一切完成交易的极少数做法，所有这些都从系统中清除掉了，代之以更优雅的战略。这是一个耗费精力的过程，可以说是千方百计，不惜一切代价。

世界顶尖的专家被请来检查系统的每一个方面——从职业心理学家到内容开发、成人学习实践和神经语言学项目的专家。所有出现在其位置上的东西都是真正不可思议的：一个如此有力和有效的系统，同时富有道德感和正义感，我从内心深处知道，直线系统已经变成我早就知道它能成为的样子。

为了美好而赚钱的力量。

在接下来的章节中，我给你提供了一个把直线系统运用到任何一个商业模式或者行业领域的解决方案。

对在销售行业或者经营着自己生意的你来说，这本书将会成为你人生的转折点。它会告诉你如何缩短你的销售周期、提高交易达成率、开发稳定的客户流和找到伴你一生的客户。此外，它还能给你提供一套创建和维护世界顶尖销售团队的准则。

对于不是销售人员的你来说，这本书同样有价值。你看，一个平民百姓会犯的代价昂贵的错误是，他们倾向于从传统的意义上来理解销售和说服：仅仅只是销售人员达成交易。所以，他们会问自己："我又不是干销售的，学习如何销售有什么意义呢？"

然而，事情远非如此。

即使你不在销售行业，你仍然需要在一定程度上掌握销售和说服的技巧。否则，你会发现自己过着一种不可控的生活。

在现实生活中，销售就是一切。

实际上，你要么销售要么失败。

你通过销售告诉人们你的想法有意义，你的观念有意义，你的产品有意义；你可能是一个把洗澡、做作业的重要性销售给你孩子的家长；你可能是一个把教育的价值销售给学生的老师；你可能是一个把判决结果销售给客户的律师——总而言之，销售适用于所有人，也适用于生活的方方面面，包括商业和个人生活。毕竟，在我们人生的某些时点上，我们都需要把自己销售给别人——潜在的合作伙伴、未来的雇主、未来的雇员、未来的第一次约会，等等。

有一些日常的商务场合通常会被我们排除在销售之外——一家企业想筹措风险资金，或者向银行借一笔贷款；把你对公司未来的愿景销售给你的雇员；为办公空间协商新的租约；为证券账户获取更好的收益率或为更好的付款条件与他人谈判磋商。

再强调一下，无论你所从事的工作是什么，是雇员还是雇主都无关紧要。我们一直用一种不仅推动人们采取行动还能帮助人们得到生活中想要的东西的方式来传递我们的思想、观念、希望和梦想。

这就是道德上的说服。没有这一项关键技能，想取得任何成功或者过一种自由的生活都是非常困难的。

实际上，在最后，这也是这本书要讲述的。通过给你提供一个掌握沟通艺术的简单有效的方法，你将以更强大的个人力量度过余生，过上更自由的生活。

永远记住电影《蜘蛛侠》里蜘蛛侠叔叔的话。“能力越大，责任越大。”

这本书将会赋予你力量。

我恳请你负责任地运用这种力量。

第 1 章

破译销售和影响力

“你们这些家伙明白吗？所有的销售都是一样的！”

1988年某个星期二的晚上，我第一次给满屋子的销售人员讲这些话，回应我的是一张张困惑的脸。那些神情似乎在说“你到底在说什么，乔丹？每次销售都不一样！每次销售都是不同的。我们的潜在客户有不同的需求、不同的理念、不同的价值观、不同的目标，甚至不同的痛苦。所以，你怎么能说所有的销售都一样呢？”

现在想想，我能理解他们。

实际上，我能理解他们所有人的观点——全世界数百万参加过我的直线系统培训班的人的观点，以及当我在台上十分确定地阐述“每次销售都是一样”的时候，把脑袋歪到一边，眯起他们怀疑的眼睛的人们的观点。

毕竟，这貌似是一个遥不可及的执念。

我的意思是，即使把我上述观点忽略不计，每次销售怎么可能都是一样的呢？就好像各地市场上数不清的商品和服务：它们太不一样了。又好像潜在客户们的财务状况：它们也都不一样。甚至像那些伴随潜在客户进入销售的先入为主的理念——这些理念不仅关乎你的产品也关乎你本人，既关乎对销售人员的信任，又因其影响再次购买而关乎决策过程。所有这些都不一样。

实际上，任何时候，当谈到销售中突然出现的明显差异时，只有一小部分人感到舒适自在。其余的人则唯恐避之而不及，尽管知道这对获取成功和财务至关重要。

更糟糕的是，在这些感到舒适自在的极少数人中，仅仅一小部分人能获得顶尖产出者的身份。其余的则在中间缓慢前行，深陷平庸的泥潭。他们赚的钱仅够维持生计（毕竟，即使是一个平庸的销售人员，也能比身处非销售相关行业的人员多赚一点儿钱），但他们永远不能亲自体验顶尖产出者的财务自由。财务自由总是遥不可及。

毫无疑问，这是一个令人悲伤的事实，但这就是所有相信每次销售都不一样的销售人员的困境——这个发现像炸弹一样击中了我，并直接促成了直线系统的建立。

这一发现并不是逐渐形成的，而是在 Stratton 公司早期会议室里举办的紧急销售训练课程中突然全部涌入我的脑海中的。当时，只有 12 名股票经纪人为我工作，在那一特殊时刻——大约在那个星期二的晚上 7 点 15 分——他们坐在我对面，面露疑惑、怀疑的表情。

事情是这样的，4 个星期之前，我误打误撞地发现了股票零售市场一个未被开发的商机，即把低价股卖给美国最富有的那一小部分人。不知什么原因，华尔街之前没有人尝试过这样做；当我把这个想法付诸实践时，结果令人难以置信，我决定重整 Stratton 公司。

当时，Stratton 的业务是把低价股卖给所谓的家庭式店铺，自公司成立之日起，我们就获得了巨大的成功。实际上，在第三个月末，一般的经纪人——或称 Stratton 人，他们喜欢这样称呼自己——已经每个月能赚 12 000 美元，其中有个人赚的比这个数字的 3 倍还多。

那个人正是丹尼·波鲁什，我未来的初级合伙人，后来他因为乔纳·希尔在《华尔街之狼》这部电影中刻画的一个以他为原型的角色而在电影银幕上留下了自己的印记。

不管怎样，丹尼是我教会的如何卖低价股的第一个人，幸运的是，他像我一样，是个天生的销售员。那时，我们都在一家叫“投资中心”的小型股票公司工作，丹尼是我的助手。当我离开那家公司成立 Stratton 的时候，丹尼跟我一起出来了，从那之后他一直是我的左膀右臂。

实际上，在测试的第五天，丹尼与一个资金雄厚的投资者签了一张大单，这笔交易的佣金是 72 000 美元，一笔很大的佣金，如果不是亲眼所见，我都不可能相信。为了让你对这个数字有一些概念，进一步解释一下，它比每笔低价股交易佣金的一百倍还要多，是一个不折不扣的规则改变者。

对那个特殊的日子，我永远忘不了丹尼拿着那张签好的单子走进我办公室时脸上的神情；我也永远不会忘记，片刻过后，我恢复平静，向我的办公室望过去，未来好似在我面前展开。那一刻，我知道这将是 Stratton 卖低价股的最后一天。鉴于投入量大的投资者能够施加的巨大金融影响力，给家庭式店铺打陌生电话已经没有任何意义。事情往往就是这么简单。

接下来要做的就是教 Stratton 的销售员如何接近富人，其余的，就像人们经常说的，交给历史来验证。

不幸的是，人们也经常说“知易行难！”

事实证明，要把一群仅仅处于后青春期的傻子训练成能与美国最富有的投资人针锋相对比我预想到的要更具挑战性。实际上，那根本不可能。

经过 4 个星期的电话推销后，Stratton 没有任何一个销售员开立新账户，真的一个都没有。更糟的是，由于转换业务是我的主意，股票经纪人们认为我该为他们当时痛苦的状态负责。

他们已经从每个月赚 12 000 美元变成无任何收入，我已经不知道该如何训练他们了。毫无疑问：我已经做了所有可能的尝试。

在这次痛苦的失败后，我阅读了大量有关销售的书、听磁带、参加当地的研讨班；我甚至飞到洛杉矶，去参加为期 3 天的销售研讨班，该研讨班声称能把世界顶尖的销售训练人员集中到一个屋檐下。

但是，又一次，我空手而归。

结果令人心烦意乱。经过一个月的信息收集后，我获得的最有价值的信息是我自己的训练系统并不比市面上的其他系统先进；如果这条路行不通，我该怎么办呢？我开始怀疑这件事的可行性。

也许 Stratton 的员工本来就没有能力接近富人。他们太年轻，也没受过什么教育，所以不会被富人们认真对待。尽管如此，那又如何解释我和丹尼通过继续使用我们的方法而取得的巨大成功呢？我个人的完成率在当时已经攀升了 50% 以上，丹尼稍微低一点儿，但也超过了 30%。

为什么我们用同样的方法拨打电话，用同样的脚本，推荐同样的股票，结果却如此不同呢？这已经足以逼疯一个人，甚至，更糟糕的是，让其半途而废。

在第四个星期快结束时，Stratton 的员工基本上已经放弃了。他们迫切地想回到低价股的世界，已处于揭竿而起的边缘。

当时我就在办公室的前面待着，极度渴望休息一会儿。然而，我突然意识到，我实际上已经做了一个决定。

现在回想起当时：我站在那些经纪人面前，努力解释为什么所有的销售都是一样的，却从来没有想过，我差一点儿就创造出了世界上最强大的销售训练系统。

要知道，当我说每次销售都是一样的时候，那天晚上我所指的（也被证明是我最有深远意义的想法之一的）就是尽管存在上述差异——个性需求、目标、价值观、痛点，但在你有机会接近目标客户之前，同样的 3 个关键要素必须深深地印在潜在客户的脑海中。

请允许我再次重申：所有销售都是一样，因为尽管存在个体差异，但在你有机会接近目标客户之前，必须深深印在潜在客户的脑海中的 3 个关键要素是一样的。

你销售什么或者如何销售、它值多少钱或者目标客户有多少钱、它是有形的还是无形的、电话销售还是亲自上门销售，这些都无关紧要。只要最后，你能把这 3 个关键要素印到目标客户的脑海中，那么你就会得到接近目标客户的绝佳机会。反之，只要少了任何一个，你就没有任何机会可言。

“三个 10”

我们将这 3 个核心要素称为“三个 10”——用 1~10 的数值衡量潜在客户确定性的状态。

比如，如果一个潜在客户在确定性范围内“10”的位置，那意味着他或她在那一刻处于绝对确定的状态。反之，如果这个潜在客户当时位于“1”的位置，那么他当时就处于十分不确定的状态。

在销售领域，当我们谈论确定性的时候，进入人们脑海的第一件事就是实实在在的产品被卖掉的确定性。换句话说，在潜在客户有可能购买一件产品之前，他们首先必须绝对确定这件产品对他们有意义，例如满足他们的需要、消除他们可能有的痛苦、对所花费的钱来说物有所值，诸如此类。

所以，“三个10”首先就是你的产品。

“三个10”

1. 产品、想法或者概念。

2.

3.

一般来说，你的潜在客户必须绝对确定他喜欢你的产品这一事实，或者像我们在使用直线销售系统时喜欢说的。你的潜在客户必须认为你的产品是同类中最好的东西！

这既包括有形的产品，比如汽车、船、房子、食品、衣服、消费品以及人们提供的各式各样的服务，也包括无形的产品，如想法、观念、价值、信念，或者你对未来可能有的任何设想。

过了这么多年，我发现解释“三个10”最简单也最有效的方法是想象一个“确定性的连续集合”，如下。

不确定性

1 —— 10

完全不确定　　绝对确定

现在，注意这个连续集合最右端的数字“10”。这代表着潜在客户对你产品的价值和效用处于绝对确定的状态，简而言之，潜在客户十分喜欢你的产品。

比如，如果你问这个客户你的产品怎么样，一个绝对“死忠粉”的答案会是：“天啊，它是切片面包出现以来最美妙的东西！它不仅满足了我的所有需求，而且绝对物超所值！”

这就是确定性范围内“10”的含义：潜在客户十分喜欢你的产品，且他们对此非常确定。

然而，在这个连续集合最左端的是数字“1”。这意味着潜在客户对你产品的价值和效用处于完全不确定的状态，简而言之，他们觉得你的产品简直就是一堆垃圾。

在这种情况下，如果你问潜在客户感觉产品怎么样，他们也许会说：“你的产品是我见过的最垃圾的东西！实际上，它不仅完全不值这个价，而且看起来像垃圾，用起来也像垃圾，它实际上就是一堆垃圾，所以你越快让那堆垃圾远离我的视线，我越开心。”

这就是确定性范围内“1”的含义：潜在客户完全鄙视你的产品，而且他们的想法和心意很难被改变。

接着，在连续集合的中间位置，是 1 到 10 之间的程度不一的确定性，“5”代表纯粹的矛盾心理。那意味着潜在客户没有任何倾向，用一般销售的说法就是，潜在客户保持中立，这是表明这种状态本质上很脆弱的说法，然而在直线销售系统上，我们用一种更为乐观的态度来看待“5”。实际上，对一个经验丰富的直线销售人员来说，一个处于“5”的潜在客户，胸前有一个明显的标志，显示着：

请影响我，现在，此刻！

我下不了决心，

所以请帮帮我！

记住，最重要的是，处于“5”的确意味着潜在客户对你的产品只有 50% 的信心，但这并不意味着你只有 50% 的机会去接近他们。

同样的逻辑也适用于确定性范围内的“3”和“7”，它们基本上是彼此的映射。在“3”的情况下，潜在客户认为你的产品基本上是垃圾，尽管不如在“1”的情况下那么垃圾。在“7”的情况下，你的潜在客户认为你的产品很好，尽管不如在“10”的情况下那么好。

然而，在这两种情况下，不管潜在客户处于“3”还是“7”，有两件很重要的事情要记住。第一，潜在客户此时对确定性和不确定性的感受比他们处于确定性范围的左右两极时要容易改变。第二，他们在确定性范围内所处的位置并不会直接转化成销售人员最终成功接近他们的概率。换句话说，他们当前的确定性状态仅仅是当前的，不是永久不变的，而且他们正迫切地等待你去影响他们。

下订单时，不需要一个行业专家来告诉你，你也能知道你的潜在客户越接近“10”，你就越有可能和他达成交易；潜在客户离“10”越远，你与他达成交易的机会就越小。从一个更实际的角度看，如果潜在客户在小于“5”的任何一个位置上，你基本上都不可能与他达成交易。这与“积极意图”有关，人们主要基于它来做决定。

换句话说，人们不会购买那些他们认为会使生活变得更糟的东西；他们往往会购买那些他们认为能使生活变得更美好的东西。然而，这里的关键词是“认为”。我们知道，一个人有积极意图并不意味着结果会对他有利。实际上，对大多数人来说，情况往往不是那样。他们的生活不时被一连串不利于自己企图的决定扰乱。然而，即便如此，这些“一连串坏决定的决策者”在做决定时仍然坚信他们是对的。这就是“积极意图”的含义。

所以，当你要求客户下订单的时候，如果客户认为你的产品是一堆垃圾，那么你就没有机会与他们达成交易了。相反，如果客户认为你的产品是自切片面包以来最美妙的东西，那么你将有相当大的机会完成交易。

这在逻辑上说得通，对吧？

那么，让我来问问你下面的问题：

假设，你刚刚给一个有购买力的潜在客户做了一个非常棒的销售演示，他需要你的产品，想要你的产品，而且某些未得到满足的需求正让他饱受煎熬，而你的产品恰好完美地满足了他的这些需求。另外，假设你的销售演示准确地击中潜在用户的要害，以至于你提出下订单的时候，他处于确定性范围内“10”的位置。我的问题是，这个客户会从你那买东西吗？是，还是不是？

很明显，答案是“是”，对不对？

在你回答问题之前，我想要你知道我已经在全世界范围的观众面前描绘过同样的场景，也提出过同样的问题。我告诉现场的观众，如果认为在这样的情况下客户会购买他们产品的话，请举手示意，屋子里的每只手都举了起来。

不管我在哪儿，不管有多少观众，或者观众们有多少销售经验，除非他们学过直线销售系统，否则他们的手就会举起来。

是时候一语道破真谛了。

我说：“真的如此吗？你们都错了，正确的答案是‘可能’。他们也许会买，也许不会买。”实际上，我之前故意在你们面前扭怩作态，我在描绘的场景中遗漏了一个重点。

万一潜在客户不信任你呢?

假设，在你做销售演示的时候，你不小心说了或者做了什么，而这以不恰当的方式惹怒了你的潜在客户，使得他们不再信任你。那么他们购买你产品的概率会有多大呢?

我告诉你概率是多少：0！

朴素又简单的道理，如果潜在客户不信任你，他们绝不可能从你那儿买东西。再强调一次，我不关心他们对你的产品有多确定，他们仍然不会从你那买东西。实际上，即便决定买你的产品，他们也会找到和你卖同样产品的人——他们信任的销售人员，他们会从另外那个销售人员那买这种产品。事实就是如此简单。

所以，这就引出了“三个 10”的第二个组成部分：你！

“三个 10”

1. 产品、想法或者概念。

2. 你、信任以及与你产生共鸣。

3.

比如，他们会认为你是一个可爱的、值得信赖的人吗？即不仅是你所在领域的专家，还以把客户的需求放在首位为荣，并且出现任何问题时都会挺身而出，把问题解决。

如果是，那他就处于确定性范围内的“10”。

如果你在他们心中是一个不讨喜的“伪君子”、一个冷漠无情的新手。他们会认为当他们转身时你会在背后捅一刀，因为你只关心从交易中榨取最大的利润，并且得手后会赶紧奔赴下一个目标。

那他就处于确定性范围内的“1”。

在这两个极端中间，当你上下游离于确定性范围内时，你将得到不同程度的确定性。

比如，也许潜在客户觉得你相对可信，但他们不是特别喜欢你，这也许是因为你在做演示过程中说的不该说的话打破了和谐，或者在那之前，潜在客户看到你第一眼时错误就发生了：也许是因为你的长相，或者你跟他们握手的方式，或者你与他们眼神交流的次数。结果都是你与潜在客户达成更紧密的联系的过程被阻碍了。

或者也许是你搜集信息、挖掘他们的需求和价值观以辨别他们是否具有购买力时的提问方式。你表现得像一个审判官——用一种令人不快的方式问问题，让对方感觉你更关心自己的利益最大化，而不是为他们解决问题。

不管是什么情况，我的观点是，就像潜在客户对你的产品有不同程度的确定性，潜在客户对你的感觉也是多种多样的。

所以，当你向潜在客户要订单的时候，如果你想他们同意，那么就需要让他们对你和你产品的评价尽可能地接近“10”。

现在，让我问问你下面的问题：假设你能使潜在客户对你和你的产品的确定性都达到非常接近“10”的水平，他们会买你的产品吗？是，还是不是呢？

令人满意的是，到目前为止，你已经意识到答案和上次一样，那就是“可能”——他们可能会买，也可能不会买。

你看，像上次一样，在这个场景中我还是遗漏了一个重点——如果你的潜在客户不信任你所在的公司呢？

假设你的潜在客户获得了一些你所在公司的负面消息，而那些消息导致他们相信你的公司可能不会力挺你所销售的产品，或者一旦发生问题他们就只能得到低质的服务。那么在这种情况下，他们从你这购买产品的概率有多大呢？

概率几乎为零，极其微小，具体表现是他们口中的“你走开”。

这非常容易理解，如果你的潜在客户不信任你服务的公司，那么他们绝不会从你这里购买产品——只要你继续留在那家公司工作，想要说服他们可不容易。

所以，这就是“三个10”中的第三个组成部分。

“三个10”

1. 产品、想法或者概念。

2. 你、信任以及与你产生共鸣。

3. 潜在客户必须信任你所服务的公司，并且与其产生共鸣。

实际上，这也是为什么即使在和老客户没有什么交情的情况下，一个销售人员把东西卖给老客户仍比卖给新客户要容易得多。因为老客户已经与你所服务的公司有了联系这一事实意味着“三个 10”中的第三条已经成立，你只要解决前面两条就可以了。

现在，如果你服务于一家无可挑剔的世界五百强企业，那么从“三个 10”中第三条看，潜在客户进入销售环节的概率已经非常高了。朴素又简单的道理，不是吗?

然而，不太明显的是，除了建立“三个 10”中的第三条之外，当潜在客户对第一条和第二条都有很高水平的确定性时，那么这个客户进入销售环节的概率也是很大的。

换句话说，在你开口前，潜在客户也将倾向于相信你（因为享有盛名的公司会仔细挑选它们的员工，并且花时间训练他们）和你提供的产品（因为享有盛名的公司销售劣质产品得不偿失）。

反之，如果你服务于一家名声不好的企业，那么你的潜在客户将会以非常低的确定性进入销售环节；实际上，取决于名声有多不好，你会发现自己在和潜在客户打一场硬仗，因为潜在客户中的大多数会以低于“3”的确定性进入销售环节。

最后，如果你正在为一家信誉不好也不坏的小企业工作，那这对潜在客户以何种确定性水平进入销售的影响是否微乎其微目前无从得知。

不管是哪种情况，最重要的是要记住，潜在客户一般会以确定性范围内的某个点进入销售环节。但是在哪个点上呢？谁也不知道。毕竟，我们不会读心术。然而，我们比较确定的是，潜在客户一定会在那个范围内的某个点上，因为他们不是来自外太空，也不是从石头缝里蹦出来的。你的潜在客户就生活在这里，在这个地球上，这意味着他们至少对你销售的产品和你所处的行业略知一二。

假设你是一个汽车销售人员，为梅赛德斯－奔驰的一家代理商工作。即使你的潜在客户从来没有开过或者坐过梅赛德斯－奔驰汽车，他们也不会像《2001：太空漫游》里尖叫的黑猩猩一样，在引擎盖上上蹿下跳，表现得像是在努力弄明白一些完全陌生的物体一样。

能想象出那幅画面吗？

我的观点是，不管你卖的产品是什么，不管你的潜在客户是来到你面前，还是接听你的电话，抑或浏览你的网页，他们总是带着对你、你的产品及你所在的公司先入为主的印象进入销售环节。

要知道，我们都是带着过去的信念、价值观、观点、经历、成功、失败、不安全感及决策战略到达某一特定时刻的，而且，以所有这些东西为基础，我们几乎以光速运转的大脑将会立刻把呈现在眼前的任何场景与我们的经验联系起来。接着，基于结果，我们会将眼前的情况放在对“三个 10”来说比较合适的确定性范围内的某个点上，也就是从那个时刻开始，我们才能被影响。

如果你认为这听起来有点儿复杂，不用怕：我敢保证并不复杂。实际上，一旦你能熟练掌握直线销售系统后，就能搞定任何一个潜在客户，不管他们是从确定性范围内的哪个点进入销售环节，你都能非常容易地把他们推到越来越高的确定性水平上。简单说，就是要快速控制整个销售过程，然后逐渐推动你的客户沿着直线从开到闭，一路向前，积累大量的确定性。

两种形式的确定性

在我们更进一步探讨之前，还有一件关于确定性的事我要告诉你，那就是确定性有两种形式：合乎逻辑的和受情感支配的，它们是两种完全不同的东西。

合乎逻辑的确定性

合乎逻辑的确定性主要以你说的话为基础。比如，你向潜在客户阐述的例子在智力上过关吗？我指的是事实和数据、特征和利益、长远的价值命题，因为这些都会影响潜在客户的感受。

换句话说，从一个清醒的不带任何感情色彩的角度来看，你传递给他们的想法和论点说得通吗？有意义吗？你的产品或服务能真正满足他们的需求吗？与竞争对手的价格比起来，你的价格是否合理？成本效益比能否使这次交易成为一项性价比高的交易？

当一个潜在客户从逻辑上对你的产品确定时，他们才能从一而终，并且在没有从你的故事里发现任何瑕疵的情况下，把你逻辑案例里的所有点联结起来。之后，他们便有信心把这个故事讲给别人听，如果有必要的话，使那个听他们讲故事的人相信，他们的感觉是百分之百合理的——从一个纯粹经验主义的视角来看，真相在他们这边。

这就是合乎逻辑的确定性。

受情感支配的确定性

反过来讲，受情感支配的确定性是以某些事物肯定不错的本能直觉为基础的。一旦这种感觉击中了我们，我们内心就会涌现一股必须被满足的渴望，即使要付出沉重的代价。

与合乎逻辑的确定性不同，受情感支配的确定性与你给潜在客户描绘的未来图景有关，在这个图景里，他们已经买了你的产品并因此感觉很好。

我们把该技巧称为“勾画未来”，它能帮助我们从情感上打动别人。

当你为某人勾画未来的时候，你实际上是尽可能地以最好的方式展示一幅客户购买该产品后的画面——让对方当下就感受到使用你产品后的神奇功效及其所带来的积极感。潜在客户的需求被满足了；他们的痛苦被消除了；他们的任何渴望都被激起来了，结果他们感觉非常好。

现在，如果你在想哪种确定性更重要，答案是两种都很重要——如果你想成为最高水平的交易达成者，它们两个绝对至关重要。

我们知道，人们不会理性地买东西；人们都是冲动购买，然后用逻辑思维把他们的决定合理化。逻辑思维天生善于分析，所以你给它的信息越多，它想知道的信息也越多。所以，如果你使潜在客户达到很高水平的合乎逻辑的确定性，他们就会说“听起来很棒，让我想想……”或者“让我再做一些调研，随后我会联系你”。

然而，如果你跳过逻辑性案例分析，专注于建立受情感支配的确定性，也不会成功，因为逻辑思维是人类对于胡说八道的探测器。当一件事情在逻辑上说不通时，逻辑思维会阻止我们被情感带偏。所以，如果你想成为高水平的交易达成者，就不得不创造两种确定性，即合乎逻辑的和受情感支配的，这就是推动潜在客户沿着直线移动时你要做的，这样你就可以慢慢接近他们（稍后详述）。

在进行下一步之前，让我来总结一下。

当然，如果你能在“三个10”的每一个“10”上推动你的潜在客户到达非常高的确定性水平（在两种确定性上），那么你就能非常成功地接近他们。反之，即便只有一个“10”没有达到很高的水平，你也没有机会接近他们。

然而，要清楚，当我说没有机会的时候，不是说潜在客户会直率地跟你说“不”。实际上，当你运用直线销售系统的规则时，你几乎永远不会听到“不”字，除了在销售初期你第一次自我介绍或在客户面前描述产品时。

在销售的某些时点上，你会听到“不”字，这一点都没关系。那恰恰是直线系统重要的一方面，因为直线系统的一个重要哲学就是不要对那些对购买我们产品毫无兴趣的人做完整的销售演示。

我们反而希望在信息收集阶段就能将这部分人尽可能早地排除出去。（稍后对这一点会有详细的叙述。）记住，销售人员的工作不是把反对者变成拥护者，那不是他们要做的。相反，我们是要把“让我考虑一下”变成同意，把“我回头联系你”变成同意，把“我要和我妻子谈谈”变成同意，把“这是一年中的糟糕时段”变成同意。

在传统的销售话术中，我们会把上述各种各样的说法视作“拒绝”，而且它们主要出现在销售的后半阶段，即在你第一次请求客户下订单之后。

实际上，任何拒绝的真实含义与它的表面意思没有半点儿关系。

拒绝仅仅是针对“三个 10”中的一条或全部的不确定的烟幕弹。

换句话说，如果你请求客户下订单，而客户的确定性水平不够高，由于不好意思在你面前明说，他们就会用日常的拒绝理由丢一个烟幕弹，这正意味着“三个 10”中的某一个正在阻止他们。

当然，也有一些特例，我会在稍后详述，但是我认为，绝大部分情况下，普通的拒绝仅仅是潜在客户的策略，他们宁愿优雅地退出销售环节，也不愿直视销售人员的眼睛，正视其自身对“三个 10”的不确定性。

比如，对一个刚刚花了 10 分钟告诉你一个产品有多么好的人说“让我想想”或者“这是一年中的糟糕时段”比说“我不信任你”、“我认为你的产品糟糕透了”、“我不喜欢你的公司”、“我现在买不起”或者“你的产品貌似很棒，但我不是完全确定，我承受不起试错的风险和我的另一半在家里追着我跑并且大吼‘我告诉过你会这样！我告诉过你会这样！’”要更容易让人接受。

所以，为避免正面冲突，潜在客户编造了一个个善意的谎言，这些善意的谎言给销售人员一丝希望，使他们认为如果就此打住，而不是继续给潜在客户施压，对方反而会有回电话的可能。

因此，潜在客户经常会以他们有多么喜欢你的产品为铺垫来拒绝你的产品。

比如，潜在客户会以这样的说辞开头，“听起来很棒，吉姆”或者“好像真的很有趣，吉姆”，然后接着说，“只不过我需要先同我太太谈谈，我明天给你回电话怎么样？”

就这样，潜在客户使自己不失颜面地退出了销售环节，而销售人员呢，如果他们天真到相信这种善意的谎言的话，不仅失去了任何成功的机会，而且当他们照着回电话清单开始拨电话时，也会遭受巨大的打击，因为清单上的一些人从一开始就没有购买的意愿。

在继续下去之前，我想消除你认为直线系统处理拒绝的策略就是促销、支持或者高压销售的误解。

简单粗暴地说，不是。

我之前谈论的内容完全不一样——每次销售，客户和销售人员都必须在销售过程中坦诚、直率地面对彼此，其他一切完全是浪费时间。

在直线系统中，我们不会给像“坦诚交流”这样至关重要的结果留有任何机会。我们会使它成为销售人员唯一的责任，并给销售人员提供一套刀枪不入的方案，确保他们每次都能万无一失地得到那个结果。

所以，让我们回到那个星期二的晚上，即直线系统这个想法猛地闯入我脑海中时。凑巧的是，处理拒绝这个话题让我第一次思考是否有更好的训练销售人员的方法，我因而想出了这个颇具开创性的观点，即“所有销售都是一样的”。

晚上 7 点整，会议开始。

那是一个将会改变全世界成千上万人命运的会议，不管他们贫穷还是富有，而且其训练出的顶尖销售人员将比其他销售训练系统训练出的加起来还要多。

第 2 章

创建直线系统

“我已经准备好彻夜战斗了。”我威胁般对 Stratton 的销售员们说，然后慢慢眨眼，让他们感觉我的注视。他们坐在按照教室风格排列的破旧木桌后，每一个桌子上都有一部廉价的黑色电话、一个灰色的电脑显示屏和一堆我以每张 22 美分的价格买来的指引卡片。每一张卡片上写着一个有钱人的名字和电话号码，还有他们拥有的公司及其上年度的利润。

对丹尼和我来说，这些大佬像黄金一样珍贵——每 200 张卡片会产生 10 个合格的人选，最终会产生两到三个新账户。虽然这些数字听起来可能不是特别令人印象深刻，但任何一个连续干 3 个月的股票经纪人都有望在一年内赚 200 万美元以上；如果他干上一年，就有望赚上述金额的 3 倍，甚至更多。

不幸的是，Stratton 销售员的业绩并不令人满意。实际上，他们的业绩直线下降，打 200 张卡片的电话，只能获得 5 个有效客户，且没有一个能成交。

“接下来我们要做的事也许能让你们得到一些安慰。”我继续说道，“在解决这个问题之前我们哪儿也不去。所以让我们赶快开始。我想要你们告诉我为什么接近富人这么难，因为我真的不明白。”我耸耸肩，“我能做到！丹尼能做到，我知道你们也能做到。”我朝他们闪过一丝同情的微笑。“你们好像有心理障碍，是时候打破障碍了，所以首先请告诉我为什么这对你们来说这么难？我真的非常想知道。”

我站在房间的最前面，对着 Stratton 的销售员们，望眼欲穿，他们在我的凝视下简直要缩进椅子里去了，他们当中什么人都有。不可否认的是，这些笨笨的人居然都能通过经纪人考试，这简直是一个奇迹。

最后，其中一个人打破了沉默。

“有太多人拒绝了。”他发着牢骚，“我使出浑身解数，但还是连一单也没谈成 !”

“我也是。”另一人说，“成千上万个拒绝理由。我也没有谈成一单。这比卖低价股难多了。”

“的确是。”第三个声音加入进来，“我正在被拒绝击得粉碎。”他长叹一口气，“我也赞成继续卖低价股。”

“我也同意。”另一个人说，“拒绝就没少过。”其他人开始点头表示赞同，异口同声地抱怨着。

但我一点儿也不担忧。除了“投票”表决是否重回卖低价股的老路之外，所有其他抱怨我都听过。

其实，自从我们转换主营业务之后，经纪人对于拒绝及其克服之难的抱怨一直不断增长。虽然在某种程度上，这是真的，但也没有他们说得那么难：难到一单也签不下来。有无数的拒绝托词？给我一个突破口。

有那么一小会儿，我考虑过对那个提出“投票”的蛊惑人心的家伙采取措施，但最后我决定不理会他。

是时候叫这些家伙停止瞎扯了。“那好。”我说，带着一丝讽刺，“既然你们如此痛恨成千上万的拒绝托词，我现在想逐一列个清单。”接着，我转向电子白板，从看台上抓起一个黑色的自动记分器，并将它举到白板的中间。“来吧！”我继续道，“把它们都说出来，我会把答案一个个背给你们听，我会使你们看到这有多么容易，快点儿吧，让我们开始吧！”

Stratton 的销售员开始坐不住了，他们看起来完全目瞪口呆，就像被汽车前灯照到的一群鹿，但是一点儿也不可爱。

“来吧。”我继续施压，“要么现在说，要么永远不要再说。”

“‘我想考虑一下！’”一个人最终喊道。

“很好。”我回答道，我在白板上写下这条拒绝理由，“他想考虑一下。这是一个很好的开始，继续。”

“他想让你给他回电话！”另外一个人喊道。

“好。”我回答道，把那条也写了下来，“想要你回电话。还有其他的吗？”

“‘给我发送一些信息！’”

“很好，这一条很好。”我评论道，把它也写了下来，“继续。我会让它变得容易，不是有 1 000 条吗？还有 997 条。”我向他们投去讽刺的一笑，“完全可行。”

“‘这是一年中的糟糕时段！’”有人喊道。

“很好。”我回答道，“继续说。”

“‘我需要和我太太谈谈！’”另一人喊道。

“或者是他的商业合作伙伴！”又一人喊道。

“非常好。”我冷静地说道。把两条拒绝理由都写了下来，“我们正在取得非常大的进步。还剩 994 条。继续。”

“‘我现在现金流不够！’”一个经纪人喊道。

“嗯，非常好！”我飞快地说道，胡乱地将这条写到电子白板上，“即使如此，你们不得不承认自从你们开始给富人打电话起，你们得到的拒绝不如之前多了。不管怎样，让我们继续。还有 993 条。”

“‘我只和我的本地经纪人打交道！’”他们其中一人喊道。

“‘我以前从来没有听说过你们公司！’”另一人喊道。

“‘我之前被骗过！’”

“‘我不喜欢现在的市场！’”

“‘我太忙了！’”

“‘我不信任你！’”

“‘我一般不会马上做决定！’”

他们继续——说出了一个又一个拒绝理由，我把每一个都记了下来，字迹越来越丑。当他们结束的时候，我已经把他们所能想起的所有拒绝理由写满了整个电子白板，当那天快结束时，所有的拒绝理由加起来不过 14 条。

对。只有 14 条拒绝理由，一半是其中两条的变种。第一种是“这是一年中的艰难时刻”，变种包括税收时间、暑假、返校期、圣诞节、米勒时刻、土拨鼠节。第二种是他们想要和另外一个人商量，比如他们的配偶、律师、商业合作伙伴、会计师、当地经纪人、当地占卜者。

一堆废话！我心想。

在过去的 4 个星期内，Stratton 的销售员一直叨叨着处理这些“成千上万的拒绝理由”是多么的不可能，甚至到了让我快要被他们说服的程度——有太多的拒绝需要销售人员来处理，我和丹尼取得的成功只是证明了天生的销售者和一般普通人有明显区别。然而，这都是一堆废话。

当时，我感觉到脸滚烫滚烫的。

现在回想起来，即使在我创造直线系统之前，我也知道人与人其实没有实质性的区别。但是，不知怎么的，看着那些写在电了白板上的拒绝理由，我发现它们实际表明了拒绝很容易被克服。实际上，那天快结束时，我突然意识到，它们本质上都是一样的——一般的拒绝理由只是烟幕弹，真正阻止客户的是不确定性。

实际上，不管潜在客户用什么拒绝理由来打击我，我都不会回应，也不会再次请求对方下订单。那将毫无意义，因为拒绝仅仅是用来掩饰不确定的烟幕弹。一个回应（即使是一个完美的回应）也只会让客户给出一个新的拒绝理由，因为根源问题仍然没有解决。

所以，我回应一个拒绝理由后，会追本溯源到销售的开始阶段，我会在最初演示结束的位置做一个跟进演示，以提高潜在客户对“三个 10”的确定状态。像使用其他策略一样，我还是会以同样精准的方式解决每一个问题。

正是在那一刻，“所有销售都是一样的”这一想法突然击中了我。那个概念突然就从我的脑海里冒了出来，很快，我就能用一副简单的图像来解释它。

那个图像最终变成了一条完美的直线。

但那仅仅是开始。

某些东西在我脑子里扎根了，一扇明亮的窗户已经在我面前打开，我好像找到了一个充满销售智慧的巨大蓄水池。我正在谈论完全超前的东西——想法、概念、战术、决策，它们以令人难以置信的速度闪电般掠过我的脑海。我能看到自己的销售策略被分解，直至它变成最原始的组成部分，然后又重新组合起来。我的心脏差点儿停止跳动。事情发生得如此之快以至于看起来像是一瞬间的事，但其对我的冲击不亚于原子弹的威力。

在那之前，我一直不知道为什么在任何一家公司，我都能比其他销售人员取得更好的销售业绩。但是在那一刻我知道了。

我在那之前都是无意识地运用销售策略的，而此时我突然变得很清醒了。我能看到我销售战略的每一个组成部分，就好像拼板玩具清晰的棱角一样，每一个独立的组成部分都在向我表明它的独特作用。但是，远远不止这些。

当我把注意力切换到每一个独立的组成部分时，我突然接触到所有的经历和记忆，那些经历和记忆使得每一组成部分的目的和位置都合理化；当我的注意力更集中时，一股语言的洪流涌入我的意识里，为这些组成部分及其连接方式提供了完美的解释。

比如，当我看着那条线上一个记录着“销售演讲”的点时，我立马意识到在潜在客户同意以前有 3 件事情要解决；如果我更加集中注意力，“确定性”这个词便跳入我的脑海中，很快，“三个 10”紧随其后，好像漂浮在直线上，并且连接着那些可以追溯至我童年的场景、我作为旁观者的销售情景。

当我站在电子白板前注视着那些拒绝理由时，所有这些东西都在我头脑中一闪而过。从开始到结束，整个过程可能只有一两秒钟，但是当转向 Stratton 的销售员时，我变成了一个完全不同的人。

当我扫视他们时，每一个人的优点和缺点都浮现在我眼前，我想用一种完美的方式把他们变得训练有素。简而言之，我会教他们用和我完全一样的方式卖东西——通过快速控制销售进程，使潜在客户沿着两点之间最短的距离，即一条直线，从突破口到完成交易。

恢复信心后，我说道：“你们还不明白吗？所有销售都是一样的！”

12 个人向我投来迷惑的表情。

不管他们，我饶有兴致地宣布了我的重大发现。

“看着。”我充满力量地说道，“是一条直线！”我转向白板，也是第一次，我从白板中间画下了那条长长的细细的直线，并且在直线两端各放上一个又大又粗的圆点。

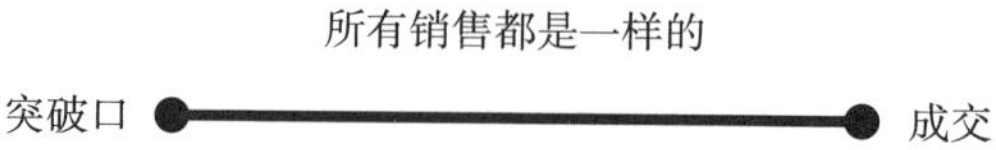

我指着直线左边的圆点说道：“现在，这是你的突破口，也就是销售开始的地方。”接着，我指着直线右边的圆点说道：“这是你完成交易的地方，在此潜在客户会说‘好的，让我们就这么做吧’，接着他会在你那儿开户。”

“这里的关键是，从你说第一个字开始，你的一切言行都是为把客户留在直线上而设计的，你要慢慢地推他向前，从突破口到完成交易。现在，你们明白了吗？”

Stratton 的销售员一致点头。当时的房间如此安静，你都能听到针掉在地上的声音。空气都凝固了。

“很好。”我飞快回答，“现在，作为一个销售人员，我们偶尔会得到一两个完美的一锤定音的订单：潜在客户好像在我们开口之前就决定购买了。”当我继续往下说的时候，从最左边的圆点开始，我在直线的中间画上小箭头，并且沿着直线，一直画到最右边的圆点。“在这样的销售中，不管你说什么、做什么，也不管你为了说服客户举什么例子，对方都会不停地说可以，根本不会拒绝你，而你请求他下订单的时候，他也会爽快地答应。这就是我所谓的完美的直线销售。”

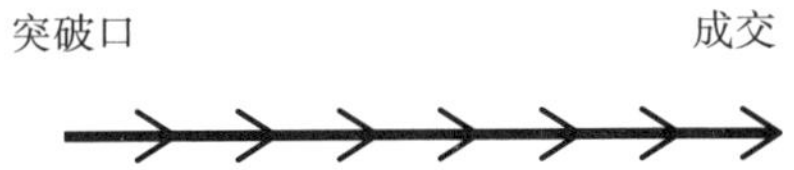

“谁曾经遇到过这样的一锤定音的完美交易？在这样的销售场景中，客户从一开始就像是决定购买了一样。你们都遇到过，是吧？”我举起右手，鼓励他们做同样的动作。

12 双手很快全部举了起来。

“你们当然遇到过。”我充满自信地说道，“问题是这样的销售太少了。大多数情况下，你的潜在客户会不断使你偏离直线，并且控制整个谈话。”我画了一些更细的箭头，指上和指下，远离直线，来阐明那个观点。

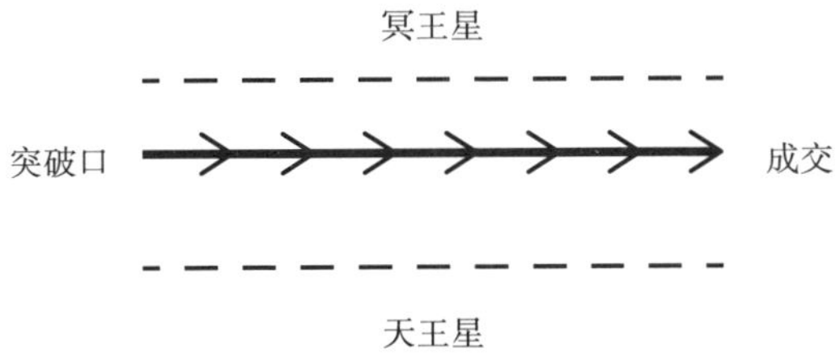

“所以，总的来说，你们想使进程处于正确的轨道，而对方却不停地使你偏离直线，使进程螺旋上升至‘冥王星’（我在白板的顶部写下“冥王星”这个词），或者下降至‘天王星’（我在白板的底部写下“天王星”这个词）。”“这不是一个好的位置，至少对你们中的大多数人来说。”我摊开手，耸耸肩，好像在说：“青菜萝卜，各有所爱！”

“所以，我们有的是这些直线上下的健康的边界。”我继续道，画了两条与直线平行的虚线，一条在直线上6英尺[①]左右处，一条在直线下6英尺左右处。”

“当在边界内的时候，你们就控制着销售，并且在向完成交易的方向前进。当在边界外时，客户就占据上风，你们要不螺旋上升至‘冥王星’，要不下降到‘天王星’，而处于这些位置时，你们只能谈论中国茶的价格、美国政治或者其他一些与交易没有密切关系的话题。”

“而且，顺便提一下，这就是很多伟大的事情发生的位置——当你们处于直线的时候。实际上，不是一件，有两件绝对重要的事情在这儿发生。”

“首先，你们正在与客户建立直接而又深厚的友好关系，不管是有意识还是无意识的；其次，你们正在收集信息，今天晚上之前我称之为‘合格’。但是，从现在开始，我要你们把那

① 1英尺≈0.305米。——编者注

个词从头脑中永远清除掉，因为它远不足以描述我们在这里要取得的成就。”

“你们看，使用直线理论时，你们必须收集信息，我是指大量的信息，这远不像努力弄明白一个潜在客户是否具有购买力那么简单。”

“当你们从一个潜在客户那里收集信息时，你们实际上正在做下面这些事情。”

“第一，你们在发现他们的需求——不仅仅是他们的核心需求，也包括任何次要需求或者他们可能有的‘问题’。”

“第二，你们正在发现一些可能会影响销售的核心理念，比如对通过电话工作或者快速下决定感到不舒服，而且一般不太信任销售人员。”

“第三，你们想了解他们过去对同类型产品的所有体验，无论好坏，以及他们对卖产品给他们的销售人员感觉如何。”

“第四，你们想了解他们的价值观，即什么对他们最重要。他们正在寻求发展或者收入，还是想安安稳稳地等待退休？他们是否想把自己的财产捐给某个慈善机构，或者某个宗教组织？你们的潜在客户甚至可能是个瘾君子而且很享受那种刺激。”

“第五，你们想弄明白他们的财务标准，比如，什么水平的财富和消费能力能使他们感觉良好。”

“第六，他们的痛点是什么？即，是什么让他们夜不能瘵？那个让他们如坐针毡，并像锚一样把他们往下拽的财务困扰是什么？”

“归根结底，要去了解潜在客户的痛苦，如有必要的话，放大他的痛苦。如果他们此刻拒绝，那将会有助于你们谈成更艰难的交易。”

“第七，你们需要通过调查他们当前的经济地位，当前在市场里有多少钱、流动性如何，他们对自己喜欢的创意一般会投多少钱，来弄清楚他们当前的经济地位。”

“所以，回到直线系统：当你们偏离直线时，你们指望继续在已有的基础上建立友好关系，并且运用那种友好关系收集更具攻击性的信息，如潜在客户当前的资金流动性如何。”

“且同时，当你们继续沿着直线推动交易朝成交处前进时，你要一直确保对方继续留在边界内。”

从本质上看，直线系统前半部分的三个基本原则如下：

（1）你必须及时控制销售。

（2）与潜在客户建立友好关系的同时，你们必须广泛收集情报。

（3）你们必须流畅地转换至直线系统的演示模式，只有这样才能帮助客户建立对“三个10”绝对的信任。

“所以，再一次强调，在销售的前半段，你们首先要立即控制整个销售进程；接着你们要利用这种控制来广泛收集情报，这需要问相当具体的问题，以确保能够收集到自己需要的全部情况——稍后我将对这段进行详述，因为，从明天开始，你们将提出比以前多得多的问题。”

“接着，当收集所有情报时，你们要能与潜在客户建立友好关系，这非常重要，顺便提一句，因为随着你们继续向前推进，你们将要问他的问题会变得越来越具有攻击性。”

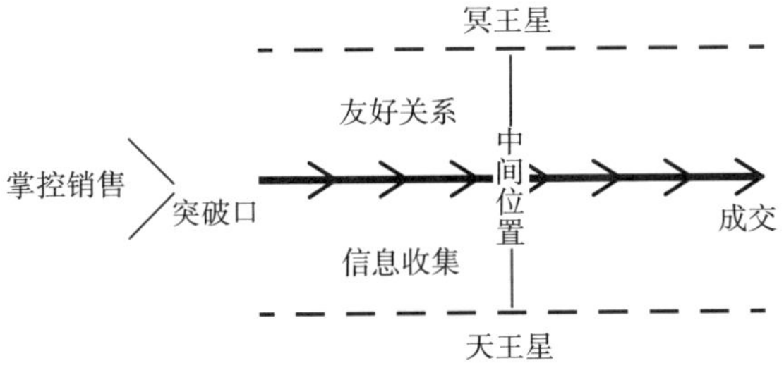

我在直线的1/3处重重地点了一下，并说道：“然后，你第一次请求对方下订单刚好是在这个位置发生，这个离起点很近的地方。”我接着说道：“这是后半段销售开始的地方，也是你遭受首次拒绝打击的地方。所以，如你所见，整个销售过程只不过是一个计算过程。”我耸耸肩膀说道。

“我指的是，我能教一只该死的猴子读手稿、请求订单；所以不要认为你已经完成了多么了不起的事情，因为你刚刚完成销售的前半段；销售的后半段才是真正的销售开始的地方！那才是你最终有机会撸起袖子开始认真处理案例的地方，即开始弄明白真正阻止你潜在客户的东西是什么，要知道，这显然不会是他们给出的拒绝理由——那仅仅是不确定的烟幕弹。”

“拒绝理由可能是这其中的任何一个。”我抓住白板的右上角，把它翻过来，露出 14 个常见的拒绝理由。

“他们想考虑一下、稍晚给你回电话、和妻子商量、做些调研、这是一年中的糟糕时段，他们给出哪个不重要。其实，这些理由本质上都是一样的，它们是不确定的烟幕弹！换句话说，你的潜在客户没有确定到可以说‘是’，那就意味着你还有一些销售工作要做。”我停顿了一会儿，又把白板翻了过来，展示我画的直线。

“那就是正在发生的事情。”我重复道，“每一个字，每一个短语，你问的每一个问题，你用的每一个音调，它们都应该被用于同样的终极目标，那就是尽可能地提高潜在客户的确定性水平，以确保当你接近尾声的时候，他的感觉是如此确定，几乎不得不说‘是’。那才是你的目标。”

“实际上，把这当作目标导向的沟通交流。”我不假思索地说出了“目标导向的沟通交流”这个词。我接着说道：“你嘴里吐出的每一个字都指向一个目标，那就是当你推着潜在客户沿直线走向终点的时候，要使潜在客户的确定性水平达到尽可能高的水平。让我在白板上帮你们画出来。”

“想象在 1 到 10 之间的确定性连续集。”我充满信心地说道，当我开始转向白板的时候，看到一个员工的手举了起来，那是科尔顿·格林。

科尔顿·格林是一个18岁的爱尔兰人，四肢发达，长着酒糟鼻，智商不高。尽管如此，还算是个可爱的傻子。

我勉强挤出微笑："格林？"

"什么是连续集？"他问道。

剩下的员工被格林的愚蠢逗笑了，鉴于他们中大多数也不聪明，所以我认为这场景十分讽刺。但是，结果是，成功路上的绊脚石，比如白痴，即将在Stratton公司办公室内消失。

你们看，在我接下来教员工的几个小时内，我基本上就创造出了直线系统。整个系统毫不费力地从我脑海中流淌出来，一个突破口接着一个突破口就这样出现了。我感觉我正在从某个藏有无限知识和无限智慧的地方获取知识，在那个地方，我所有问题的答案都在等着我阅读。所以我饶有兴致地取走了所有我能取走的。

到了半夜，我已经设定好了整个系统的框架，创造了最早的直线系统语言。该系统包含8个独立的步骤，语言扮演着指引潜在客户沿着直线前进的路径图的角色。它能告诉员工第一步做什么，第二步做什么，第三步做什么，一直到最后一步，最终，一个潜在客户要么说"好"，并在你那开一个账户，要么坚持用作为烟幕弹的某个拒绝理由打发你，然后你结束通话、恭敬地继续走向下一个潜在客户。

大概一个月以后，由于系统深层次的内容继续不停地涌出我的脑海，我增加了两个额外步骤；接着，许多年后，我将步骤增加到 14 步，而那时我创造出了直线系统的 2.0 版本并且将其在全世界范围内传播。尽管很神奇，语言的核心仍然与最初那个星期二的晚上从我脑海中冒出的东西一致，第二天早上，当员工被直线系统武装后第一次打通电话时，这一事实被完美地验证了。实际上，如果不是我亲眼所见，我都不会相信。

基本上从他们打电话那一刻起，整个办公室就陷入了开立账户的狂欢，比例如此之高，以至于在 90 天内，他们每一个人都成了百万美元创造者。

但那还仅仅是开始。

当我们成功的消息开始四处传播，许多经纪人慕名而来。

1989 年年底，有 200 多人在我位于长岛的公司新总部的大办公室里工作。

每天两次，我会站在由年轻员工组成的迅速扩大的队伍前，用直线系统技巧训练和日常激励的结合来不断地敲打他们。重要的是，通过彻底地提升他们的思维模式和技能模式，我能够说服每一个新员工把过去的耻辱丢在脑后、在门口重新审视他们的精神状态。我能让他们接受他们站在门口的那一刻起，过去的一切就一去不复返了。

日复一日，我告诉他们，过去不等于未来，除非自己选择停留在过去。我告诉他们如果全身心地拥抱直线系统，拿起电话，按照我教的说，他们就能和美国最成功的首席执行官一样有力量。

我告诉他们“假设”着去行动。

我说：“假设你是一个已经很富有的人，那么你就会变得富有。假设你自己有无与伦比的自信，那么你就会变得自信。假设你有所有答案，那么答案自然会来找你。”

我告诉他们，假设他们的成功是一个已知的结论——是时候接受他们很伟大这个事实了，伟大一直在那儿，渴望出来，但是被社会不计其数的侮辱和哄骗埋没了，试图使他们消沉和甘于平庸。

同时，当他们接受了这些想法后，我会转变话锋，十分坦诚地聚焦于技能训练的极端重要性。我常常会说：“也许人们对你的某些看法确实是对的。也许你的父母、老师、前老板和前女友对你的看法是对的。也许你也不是那么特别。”

“也许你天生就是一个平凡的人：没那么聪明、没那么善于交谈，也不是冲劲十足；你在小学时睡大觉，在中学时作弊，更没上过大学。所以也许你有成功的欲望，但是你可能真的很难成功。你缺乏融入社会的必要技能。”

“现在，说实话，你们中的多少人会有这种感觉？不是经常，但是偶尔，像晚上躺在床上的时候，你的想法、恐惧和消极情绪全部涌出，它们开始在你耳边低吟，吞噬你的自信和自尊。有时会有这种感觉的请举手。”

像发条装置触发一样，会议室的人都举起了手。

“正是。”我继续说道，“大多数人会有那种感觉，这很正常……因为他们并不是那么特别！他们没有特殊的技能、才华或者能力让他们从人群中脱颖而出。他们没有能让他们与芸芸众生区别开来的优势，他们没有任何东西可以用来致富。”

“并且，顺便说一句，尽管我很讨厌说出来，但是在座的每一位几乎都包括在内。”接着，我快速加上点睛之笔，“或者至少曾经是。”

“看，我不知道你们是否明白了这些，所以让我再次阐明：你不再是那个第一天走进这间办公室的人了。实际上，你甚至不再是之前的你！直线系统已经改变了你！它使你变得比你生命中的以往任何时候都要高效——因为你现在有一项把你与大众区分开来的技能：你有终结交易的能力，你能在最高的可能性水平上去影响和说服任何一个你能接近的人。”

“由于现在具备了这项技能，所以过去发生在你们身上的任何消极的事情在未来都与你们无关。你们明白吗？你们看到蕴藏在里面的力量了吗？你们这些家伙意识到你们每一个人已经把你们自己变成一股强大的力量了吗？一个人可以对自己的未来抱有任何幻想，并且积极尝试，取得成功。一个简单的事实就是终结交易的能力是唯一重要的区别，当谈论到获取财富或成功时，毫无例外，而你们拥有最高水平的那种能力。如果你们认为我在胡说八道或者夸大其词，那么去问任何一个富人，他们会非常直接地告诉你们，如果没有终结交易的能力，那么赚钱非常难；一旦拥有了那种能力，那么一切都会变得容易。”

“实际上，那也正是为什么我随手指向这屋里的任何一个在这待了几个月的人都能说出一些令人难以置信的成功故事的原因，那些故事是屋外任何一个人都不敢相信的，因为成功如此之大以至于他们无法拥抱它……”

一次在早上股市开盘前，一次在下午股市收盘后，我每天两次持续地用技能训练和动机训练来激励员工，日复一日。随着时间推进，成功的故事越来越疯狂。

第一年结束的时候，顶级销售人员的月收入超过 25 万美元，并且他们的成功似乎具有传染性。标准甚至提高到了 10 万美元一个月，而减员率为 0。换句话说，如果你能走进这间办公室，那么你就注定成功。你所要做的就是快速环顾四周，然后你会发现从任何一个方向看都是巨大的成功。

对一个新人来说，我的课程对于帮助他打消关于直线系统力量和影响力的疑问绰绰有余。实际上，教了几个月之后，我设计了一套按数字涂颜色的训练课程，它是如此容易学会以至于基本上是万无一失的。

直线系统的 5 个核心元素

系统的核心部分包含 5 个核心元素。直到今天，它们仍然与我当初创建它们的时候一样：它们是整个系统的支柱。

也许你已经猜到了，我已经简单介绍了最初的 3 个元素，即十分重要的“三个 10”：

（1）潜在客户必须信任你的产品。

（2）潜在客户必须信任你，并且与你产生共鸣。

（3）潜在客户必须信任你的公司，并且和你的公司产生共鸣。

从本质上说，当你推动潜在客户沿着直线前进的时候，你说的任何话都应该是精心设计好的，只有这样才能提高潜在客户对“三个 10”中的任何一个的确定性水平——你的终极目标是使客户对“三个 10”的确定性水平都尽可能接近 10 的位置，因为在那个点上你可以要求对方下订单，并且非常有希望达成交易。

然而，话虽这么说，在这里你需要记住的是所有的程序不是同时发生的。实际上，大多数情况下，在潜在客户有可能签单之前，你至少需要请求两到三次。

现在，当你完成销售演示的主要部分时，你已经到达了直线上你第一次可以请求下订单的点，并且等待回复——接着，销售的后半部分开始了，当潜在客户用第一次拒绝打击你时，后半部分销售被触发了。要不然，在这个点上，你也会发现你能坐享其成：这时候潜在客户只会说“是”，你可以轻易完成交易，不需要处理任何拒绝。

但是，就像我前面说过的，这种你可以坐享其成的销售少之又少。大多数时候，潜在客户会用至少一两次拒绝来打击你，尽管一般至少是三四次拒绝。

为了将销售继续进行下去，你需要使潜在客户拥有更高水平的确定性

但是，不管形式如何，这些拒绝实际上是不确定的烟幕弹，因此销售人员需要准备的不仅是用一种令客户满意的方式回答他们的问题，还包括在前一个演示结束的地方做一个后续演示——目的是提高潜在客户对“三个10”的确定性水平，终极目的则是使潜在客户在逻辑上和情感上尽可能达到“10、10、10”的水平，这样销售人员就能有百分之百的把握完成交易。我们将这个直线系统称作“循环”。

“循环”是一个简单高效的拒绝处理策略，它能让销售人员抓住每一个拒绝的机会，在不破坏友好关系的情况下，提高潜在客户的确定性水平，进而顺利地完成交易。

在许多情况下，循环术对直线系统来说（或者至少对直线系统的后半部分来说）就是所谓的“秘密武器”，因为它使销售人员能够逐步提高潜在客户的确定性水平，虽然不是一飞

冲天。

换句话说，每一次拒绝都会创造循环的机会；每一次循环都会促进潜在客户确定性水平的提升；每完成一次循环，潜在客户就会发现他们顺着直线走了一定距离，越来越接近终点。

虽然循环是一个非常简单的过程，但它会引发一个独特的场景，并且会一再引发，除非销售人员能提前做好准备，否则这将使他们十分痛苦。

在大多数情况下，这个场景在你实行几次循环后才会抬起它丑陋的头，那时，你已经将潜在客户的确定性水平提高到一个点，在那个点上，潜在客户是如此绝对确定以至于你能听到他们真实的心声，不管是从语调还是从他们实际说的话中。

总之，这个潜在客户说的话、语调，甚至他的肢体语言（如果你在现场的话）都清楚明白地告诉你，他们对“三个 10”都绝对确定。但是，出于某些无法明说的原因，他们仍然不会下单。

这背后其实有一个非常合理的原因，并且与支配着每次销售交锋的看不见的力量有关——潜在客户同意下订单之前，销售人员必须使他沿着直线走多远？或者，换一种表达：个性化的潜在客户同意下订单之前需要到达何等水平的确定性？

归根结底，不是所有的潜在客户都一样。有的人很难被说服购买一件物品，有的人却很容易，还有一些人处于中间位置，既不难也不容易。当你挖掘表面现象的深层次原因时会发现，把这些潜在购买者区别开来的是他们关于购物、做决定、信任别人（特别是那些正在尝试卖东西给他们的人）的一系列个人信念的集合。

同时，这些信念的集合，以及所有促生这些信念的人生经验，会形成特定的确定性门槛，潜在客户在心甘情愿下订单前必须跨越这道门槛。

我们把这样的确定性水平称为人的“行动门槛”，也就是直线系统的第四个核心要素。在定义上，我们认为那些很容易被说服购买东西的人“行动门槛”较低；那些很难被说服下订单的人“行动门槛”较高。

现在一切看起来都很好。但是，这个概念对一个销售人员的成功如此重要是由于我一个非凡的发现，这个发现被证明能使那些天生毫无销售能力的人和天才销售员拥有相同水平的完成订单的能力，那就是：潜在客户的行动门槛是有延展性的，不是一成不变的。

实际地讲，这个发现的意义是惊人的。毕竟，如果你能降低一个人的行动门槛，那么你就能把最难沟通的消费者变成最好说话的人——这就是我们在销售后期尽力做的事情，这带来了能够终结任何可能被终结的人的可能性。

然而，如果你实际销售过，你会发现一些客户极度难搞定。我是指那些即使你尽最大努力，提高了他们的确定性水平、降低了行动门槛，并再次提出下订单后，仍然不会从你这买东西的人。

所以，为了拿下这些极端固执的家伙，现在我们进入直线系统的第五个核心要素：痛苦门槛。

我们都明白，实际上，痛苦是最有力的激发因素——它能使人们快速逃离那些他们认为的“痛苦之源”，而转向那些他们相信能消除痛苦的事物。实际上，痛苦创造急切，而急切是完成这些难搞定的销售的工具。

为了实现目标，花时间搞清楚你潜在客户的痛点在哪里、从哪里来是极端重要的。一旦我得到相关信息，我就会把我的产品定位为他们痛苦的解药，然后口头上为他们描绘一幅未来图景——用以展示用了我的产品之后他们会感觉多棒。我会让他们相信我的产品能消除他们所有的痛苦，让他们重返极乐人生。

另外，把这个有力的人性激励因素保留到最后可以给予我们最后一搏的能力，我们要做的就是抓住那些需要我们的产品、想要我们的产品，并能真正从我们的产品中受益的潜在客户，然后制造足够多的痛苦推动他们跨过行动门槛、最终购买产品。

所以，这就是全部的核心要素了：

直线系统的 5 个核心要素

（1）潜在客户必须热爱你的产品。

（2）潜在客户必须绝对信任你，并和你产生共鸣。

（3）潜在客户必须信任你所在公司，并和你的公司产生共鸣。

（4）降低潜在客户的行动门槛。

（5）提高潜在客户的痛苦门槛。

在为后面发生的事情铺路时，每一个核心要素都有它独特的功能。

我最喜欢把这一过程比喻为一个专业的保险箱窃贼如何四处奔波经营他的事业，就像电影《偷天换日》中演的那样。（唐纳德·萨瑟兰扮演一名保险箱窃贼，他把耳朵凑近机芯，仔细聆听每一次“咔哒”声。一旦听到第一声，就从反方向旋转机芯，然后等待第二声、第三声、第四声。最后，当他对每一个数字都得到“咔哒”一声时，他将毁坏手柄，尝试打开保险箱——瞧！——如果他正确地识别了每一个数字，保险箱自然就会打开。）

从某种意义上说，那就是你使潜在客户沿着直线前进所做的事情。本质上，你正在解开他或她同意购买的组合密码，每一次都是用同样的方式在做。

这就是我们关于人脑的“保险箱”所知道的事，当要做购买决定的时候，这个组合里只有 5 个数字。就是那样！

第一个数字是潜在客户对你产品的确定性水平；第二个数字是他们对你本人的确定性水平；第三个数字是他们对你公司的确定性水平；第四个数字关乎他们的行动门槛；第五个数字关乎他们的痛苦门槛。

这就是全部——待解码的 5 个数字。

现在，至于我们如何来旋转机芯，那是这本书后面要解决的问题。在这方面，这本书还不能被认为基本上就是解码人类思想的操作手册。

它能破解所有购买组合吗？

不，不是所有的。但那是件好事。

毕竟，并不是每个人都是可达成交易的对象，至少不是在每一个场合，而且有时由于道德方面的原因，某些潜在客户也不应该是你试图接近的目标。即便如此，只要你熟练掌握了直线系统，它就能使你拥有能与任何可达成交易的人达成交易的技巧。

换句话说，即使某人不从你这儿买东西，你也会知道并不是你做了不该做的事情。你不会在结束一次销售的时候对自己说："很遗憾乔丹 · 贝尔福特不在这，他一定能和这个客户达成交易！"

然而，强大有力如直线系统，也会在失去一个重要的因素后轰然倒塌，这个重要因素是：你需要快速控制销售过程。

在直线系统的第一要义，以及后续的要义中，迅速控制整个销售过程都是系统的第一步，而且永远是。

如何处理其实非常简单，只有一个难题：

你只有 4 秒。

第 3 章

4 秒定乾坤

不论好坏，我们都不得不接受这一事实：作为普罗大众，我们从根本上说是基于恐惧的生物。我们时刻打量着周边环境，基于我们的感知仓促地做决定。安全吗？附近有危险吗？我们对某些事物是否需要格外小心？

这种形式的仓促决定可以追溯到人类的穴居时期，且被连接到了我们的爬虫脑。那时，当我们看到某些东西，我们不得不立即打量评估，以决定去留。只有当我们确认自己是安全的，才会开始考虑为了潜在的利益逗留是否有意义。

迅速决策的本能今天依然伴随着我们。当然，现在我们身边的风险小多了，因为我们通常不会每天都面对生死攸关的场景。但是，做决策依然和以前一样需要在短时间内完成。实际上，通过电话，人们 4 秒就可以做出决定，而面对面时只需要 1/4 秒。这就是头脑反应的速度。

思考一下：当你亲自拜访潜在客户的时候，对方只用 1/4 秒来对你进行初步判断。我们知道这些是因为科学家已经做过实验：通过把人连接到一种特定的核磁共振仪上，机器能显示大脑在处理信息时是如何工作的。当科学家把某人的照片在被测试对象面前挥动时，发生了如下情况：首先，被测试对象的视觉皮质即刻亮了起来，接着，1/4 秒后，他们的额前叶亮了起来（额前叶是头脑的判断中心），于是一个决定做出来了。整个过程发生得非常迅速。

与潜在客户通电话时，你给对方留下印象的时间会稍长一点儿——你有 4 秒钟。

要清楚，实际上，即使当你亲自拜访潜在客户时，仍然需要 4 秒钟时间来形成最终评价。差别在于当你亲自拜访潜在客户的时候，这个过程开始得快一点儿——基本上从潜在客户见到你的那一刻开始。但是，不管哪种方式，面对面交谈还是通过电话，如果你想留下好印象，有 3 件事情需要在交锋的前 4 秒内完成，你需要让自己看上去：

（1）聪明绝顶。

（2）热情似火。

（3）是你所在领域的专家。

这 3 个印象必须在一段对话的前 4 秒内传达给对方；否则，你将把自己推向一场恶战。

事实上，如果你把前 4 秒搞砸了，你最多还有另外 10 秒迎头赶上，但是在那之后，你就彻底玩完了。那基本上是注定要失败的努力。你无法影响任何人。

在这个时候你可能会问自己，“如果不以貌取人会发生什么呢？那会怎么样，乔丹？”

好吧，我的父母深信“不可以貌取人”，我的学校老师也是。

但是你知道吗？他们都以貌取人，我也是，你也是，就此而言，我们每一个人都以貌取人。这个观点已经深深根植于我们的脑海，它不仅仅是美国人独有的，澳大利亚人这样，巴西人也这样——世界各国的人都这样。以貌取人的观念存在于世界的每一个角落，跨越所有文化边界。

底线就是，在潜在客户把你撕开、分解、逐项评价并基于对你的感知把你重新组合前，你有 4 秒的时间。如果上述 3 种印象，即聪明绝顶、热情似火、是你所在领域的专家，没有牢固地建立在你潜在客户的脑海里，那么你就基本上没有任何接近他们的机会了。

为什么会这样呢？

想想，你真的想和一个新手做生意吗？当你去买车、买股票或者买电脑的时候，你想要谁当你的导购呢，一个新手还是一个专家？当然是专家！

实际上，我们已经习惯找专家帮助我们解决问题、消除痛苦了。当我们生病时，我们的父母会带我们到号称“医生”的特殊人士面前，医生通常穿着白大褂，脖子上挂着听诊器；一开始，我们惊讶于父母在医生面前的顺从，直到他们告诉我们为什么。父母解释道，这个被称作医生的人，接受了多年的学校教育，其间他们学到了如何让生病的人感觉好一点儿。他们甚至被教会了如何穿衣、如何行动、如何说话，以使得人们一眼望去就会对他们产生好感，这也是为什么有他们在，你开始感觉好多了。这个人获得了被称作医生的权利，因为他们确实是他们所在领域的专家。

但是，当然，这只是个开始。随着我们年岁的增长，专家的队伍也会越来越庞大。

如果我们正在学校挣扎，父母可能会给我们雇一个家庭教师；如果我们想掌握一项体育技能，他们会给我们雇一个教练。当我们成年后，我们继续做这些父母不再做的事情，直到今天我们依然寻求专家，并且也教我们的孩子做一样的事情。

思考一下。

你认为在出席奥斯卡颁奖典礼前斯嘉丽·约翰逊想让谁帮她设计发型？她会找刚从美发学校毕业的满脸青春痘的小孩，还是会找有近 20 年为各界名人设计惊人造型经验的世界一流造型师？

乔丹·斯皮思或杰森·戴荄靡不振时会向谁寻求帮助？是市政课程的本地专家还是就此课题写了好多本书并且有至少 20 年与其他著名专家共同工作经验的闻名世界的专家？

一个简单的事实就是，我们都想与教授或专家打交道，我们也想和机智敏锐、对自己所做的事情充满激情的人打交道。专家的说话方式能自然而然地使他们获得尊重。他们通常会这样说："听着，比尔，在这一点上你要相信我。我从事这个行业长达 15 年之久，我准确地知道你需要什么"。

新手，则是另一种情况，他们倾向于用一种不太确定的方式说话，他们对自己的产品和行业中细微的差别了解不够，当他们使潜在客户沿着直线前进，进入循环阶段时，这一点越发明显，他们不得不进入自由发挥状态，这意味着，为了把潜在客户的确定性水平推到行动门槛以上，以使得潜在客户购买他们的产品，他们已经江郎才尽，不得不匆匆忙忙地胡编乱凑。

我的意思是你如何被感知会伴随着销售的每一个环节，但是在最初的 4 秒内就开始了。如果你搞砸了，给对方留下了消极的第一印象，那么你基本上就没有完成交易的机会了。

有趣的是，我第一次讲这些差不多是在 30 年前我发明直线系统的那个星期二的晚上。那天晚上我告诉公司员工他们只有 4 秒来给客户留下无比重要的第一印象。

然而，结果证明，我完全错了。

2013 年，哈佛大学的一个教授以第一印象的重要性为主题出版了一本书，他的研究显示潜在客户做出最初判断所用的时间不是 4 秒，而是 5 秒，所以我不得不为这少了的 1 秒道歉。

撇开道歉不说，研究还发现，如果你给客户留下了消极的第一印象，那么需要留下 8 次积极的印象才能擦除最初的消极印象。坦白地讲，我不认识你，但是在我的销售生涯中，我无法想象有这么一个行业：我在第一次会面中表现不佳，还能有接下来的 8 次机会来挽回损失。那根本不可能。

所以必须在谈话的前 4 秒内给客户留下上述 3 个关键印象，否则，你就完了。

第一，聪明绝顶。如果他们不认为你很聪明能干，那么就会觉得你只会浪费他们的时间，所以你必须给人以智商过人、值得倾听的问题解决者的印象，只有这样你才能和他们达成交易。具体来说，你必须表现得像一个可以帮助潜在客户满足其自身需要和欲望的人。你可以通过展示反应速度、快速做决定的魄力、能够立刻给潜在客户留下好印象的传递信息的独特步调建立信任。

第二，热情似火。这可以给你潜在客户的潜意识传递信息：告诉他们你肯定能够提供很棒的东西。你必须听起来积极乐观、充满激情、活力四射，因为这样会让他们相信你能给他们的生活带来积极的影响。我经历了许多才学到的东西之一就是，你能把东西卖给某人并不意味着你应该把东西卖给他。

今天，我坚信销售是光荣的职业。我只会在那些我对提供给客户的产品和服务有着坚定而激昂的信念的销售场合开展业务。在销售产品和服务前我需要真正相信它们的价值，因为只有这样我才能充满激情地描述它们。对产品和我本人代表的公司，我也需要有坚定的信念。这些使得我在每一个销售场合都能表现得热情似火。

第三，你是你所在领域的专家——一个权威人物，一股需要被认真对待的力量。从会走路起，人们就学会了尊敬权威人物并听取他们的意见。在销售场合，我会让潜在客户相信我是非常有竞争力、知识渊博、在所在领域已经功成名就的世界级专家。这不仅能让我马上获得客户的尊重，还能使他们臣服于我，于是我便掌控了整个销售过程。

为了展示权威性，我会用那些我已经花时间简化过的科技行业的术语将服务或产品的特征转化成能给客户带来的好处和价值，这样会使潜在客户更易理解那些看起来非常复杂的表述。在销售谈话过程中，我也会通过展示对市场、行业、产品、潜在客户及竞争对手的扩展知识和理解，以提供独特的视角来为客户增加价值。

告诉他们你值得倾听

当你快速建立起这 3 种印象后，它们就会把一个简单的事实糅进潜在客户的脑海，那就是你值得倾听。换句话说，从繁忙的一天中抽出时间听你推销对他们是有意义的，因为一个敏锐如你，热情如你，专业如你的人能够：

（1）快速进入主题。

（2）不浪费潜在客户的时间。

（3）给他们的问题找到解决办法。

（4）给他们带来长期价值。

另外，一旦潜在客户对你得出了这样积极的结论，他们会立刻合乎逻辑地估量你的价值：你能帮助他们达成目标，你能帮助他们得到生活中想要的东西。

这些东西可能是他们正努力满足的核心需求；也可能是简单的需要和欲望；还可能是取得生活某一方面的控制权；或者，最高级别的，减轻他们正在承受的痛苦。

再强调一次，由于人的大脑非常精于此道，因此你的潜在客户只需 4 秒就能把你解剖、分析，然后基于你被感知的方式重新建构你的形象。

如果你被正确感知了：聪明过人、热情似火、是你所在领域的专家，那么你的潜在客户就会尊重你，让你控制整个销售过程。

如果你被错误感知了：你像洗碗水一样乏味，是一个冷漠的讨厌鬼，是一个笨拙的新手，那么相反的情况就会发生，潜在客户获得了控制权。这种情况下，不成则败。

现在，话虽如此，有一件事我想要你明白，我不是要你们像新闻发言人那样不停地讲话，让客户坐在一边听。

当我说“控制整个销售过程”的时候，上述场景可能突然进入了你的脑海，但我保证那不是我说的意思。我的意思是，想一想：难道你不是十分反感一个销售人员说个不停，甚至不给你说话的机会，而你只能听着？

这会让我想夺门而出。

这也是为什么相对于帮助人们成为一个专家级的讲话者，直线系统更多的是帮助人们成为一个倾听者。

然而，要真正成为一个专家级的倾听者，首先你得学会如何快速控制整个销售过程。没有其他捷径可走。

价值千金的问题是，如何做？

第 4 章

语调和肢体语言

我们现在开始讨论实质性问题。

在谈话开始后的 4 秒内，你如何才能让潜在客户相信你聪明绝顶、热情似火，而且是自己行业领域的专家呢？

说得更直白一点：现在很大一部分交流是通过电话进行的，在没有看见你本人的情况下，你如何确保和你通过电话交流的客户能对你形成正确的认知呢?

是通过你说的话吗?

略微思考一下。为了在最开始的 4 秒内努力使对方理解你的话，你应该说些什么呢? 你可能不得不对客户咆哮："嘿，比尔，听我说！我聪明绝顶！热情似火！是行业领域的专家！我保证……"一堆废话。你听起来就像一个令人极其讨厌的傻瓜，没有人会相信你。

一个再简单不过的事实就是完美无瑕的语言是不存在的。没有人的语言能深刻到可以静悄悄地绕过潜在客户的理性思维，直达他们的内心深处；因为在客户的内心深处，第一印象会在极短时间内形成，并且会一直影响他们的决定，直到你证明他们的第一印象是错误的。

所以，如果你说的话不起作用，那么你还能做点儿什么呢？

答案很简单：调整你说话的语调。

特别值得注意的是，如何把你要说的话说出来对于你的话如何被认知有着非常重要的影响；不仅在这非常重要的前 4 秒内如此，在整个谈话过程中都是如此。

要知道，经过几百万年的进化，我们的耳朵十分擅长辨别语调的变化，哪怕语调上一丁点儿的变化都能对一个词、一句话产生巨大的影响。比如，我小时候做错了事，我妈妈会用严厉、不容争辩的口吻喊我的名字，而我立马知道麻烦来了。相反，如果她用欢快的语调叫我的名字，那么我也会立马儿就知道有好事发生。

实际上，在面对面的销售中有一种交流模式十分有效，它能和语调一起让对方理解我们的意图。

我们把这种模式称为肢体语言。

作为无意识交流战略的两大关键，语调和肢体语言在我们传递观点的过程中起着非常重要的作用——不管是我们说、别人听，还是别人说、我们听。

从本质上来说，你说话的语调、你移动身体的方式、你的面部表情、你笑容的类型、眼神交流的方式、听别人说话时发出的所有友好的应和声，都是人类交流的一部分，这些对你自己如何被认知有着重大的影响。

从百分比来看，语调和肢体语言差不多占整个交流过程的90%，二者平分秋色，各有大约45%的影响力，当然这也要看你相信哪种研究（这些研究多得你数不过来）。剩下的10%是我们的语言——我们口头交流时说出的话。

你没听错，只有10%。

我知道此刻你正在想什么：也许你认为，10%远远不足以说明语言的重要性，尤其是在一个有人想卖东西给你的场合。实际上，如果回想一下你被兜售产品的场景，我相信你能回忆起销售人员当时说的每一个字，并基于每一个字的字面意思进行判断。似乎一旦要基于销售人员用语言创造的逻辑性案例确定最合适的逻辑确定性水平时，你的逻辑思维就变得高度警觉了。

人类交流

语调—45%

肢体语言—45%

语言—10%

所以，我非常理解要接受我们的语言不是那么重要这一观念是多么难。

但是，讽刺的是：你实际上误解了我说的话的意思！

要知道，尽管只占我们交流过程的 10%，但语言并不是无足轻重，它其实是我们交流战略的唯一重要因素，但是，非常重要的一点在于这仅仅是在我们最终开口说话的时候。换句话说，90% 的时间里，我们不是通过说话来进行交流。

尽管肢体语言如此重要，当我走进电话室或者在现场观察销售人员时，我发现一般只有一两个销售人员幸运地拥有完美的语调和毫无瑕疵的肢体语言，其余的则或多或少存在一定问题。所以，他们大部分人都还没有达到可以使潜在客户交出销售主动权、心甘情愿地被引导的程度。

所以，由于存在这种“先天缺陷”，销售从一开始就被搞砸了，失控只是时间的问题。

然而，比这更讽刺的是，在构成直线系统的所有技巧和策略中，语调和肢体语言是最容易掌握的。

总的来看，在人们用来交流的 29 种语调中，只有 10 种具有核心影响力——我们在影响和说服他人的时候会反复地使用它们。同样地，直线系统已经将构成我们肢体语言的许许多多的手势、姿势和面部表情归纳成 9 个核心的规则。

我知道很多人会自言自语：“啊，我就知道这会成功！乔丹使所有事情都听起来很容易，现在我发现我不得不学习 20 件不同的事情？我为什么要做这些？我不是一个小孩了，我是成年人！一个成年人不可能学习 10 种新的语调和 10 种肢体语言规则！这简直荒谬可笑。”

庆幸的是，你现在所想的一切多多少少有点儿夸张，但是不管怎样，如果你不是那么想的，那么我非常乐意与你分享两个非常重要的想法。

第一，我是以和善慈爱的态度来说的。

废话少说，是时候走出自己的舒适区，开始过你应过的生活了。只要用心，你可以做好任何事情。你所需要的就是一个能为你指路的简单易学、循序渐进的策略，那也正是直线系统可以解决的问题。

实际上，直线系统的真正优美之处正是在于，即使你还处在比较低的竞争力水平，只要接受一点点培训，也能获得令人惊讶的好结果。

只是这个结果能好到什么程度取决于很多变量：你所处的行业、销售周期、你在直线系统的学习上花了多少时间，当然，还有你最初的销售能力。但是很多人的销售额在很短时间内就激增了 50%。如果你是一个完完全全的新人，而你所处的行业销售周期很短，且竞争者很多，那么你肯定会怀疑其真实性。

在直线系统的术语里，我们称这些为“较好因素”，意思就是，即使你刚开始，还不太熟练，依然能取得比较好的业绩。

第二，不管你如何看待学习这些新技能，现实是你没必要真的学会所有东西。毕竟，虽然可能听起来令人难以置信，但你已经知道了所有你应该知道的事情。

实际上，你不仅已经知道了10种语调和10种肢体语言规则，并且已经在生活中实践了无数次。唯一的区别就是，在过去，你是无意识或者说自然而然地使用它们的，甚至想都不用想。

换句话说，在过去的生活中，有无数次，这些语调从你身体里自然地流露出来，那是你当时真实感受的体现，肢体语言也是这样。

让我来举个例子：在你的生命中有没有这样的时刻，即你对某些事情非常确定以至于你说话的语气不自觉地变得非常笃定？你说的每一个字都铿锵有力，你百分之百相信自己正在说的，而你的听众也对此深信不疑。

你当然有过这样的时刻！

我们都有过！

我们都给别人讲过自己的秘密吧？我们是不是倾向于用耳语的方式来讲这些呢？

我们这么做的原因在于，我们都知道耳语能激起人们的好奇心，能拉近人与人之间的距离，能使他们能更专心地听我们说话。

在一个销售场合做销售演示时，如果你能在恰当的时刻精准地运用耳语，那么你将会对它的影响力感到震惊，尤其是随后当你重新提高音量时。

关键就是调节。

你想降低音量，那就提高音量；你想加快速度，那就放慢速度；你想用陈述的语气，那就把陈述句变成疑问句；你想把特定的词语结合在一起，那么就断断续续地说点儿别的。

让我们回到之前讨论的耳语，但现在要加点儿活力进去。我们所谓的有力量的耳语，来自你的内心深处。（用右手掌快速拍打你的腹腔神经丛，那个位置就是内心深处所指的地方。）从那里发出的耳语能让人觉得你说的内容格外重要，你是认真的。

这时你的耳语就像在对潜在客户说："听着，兄弟，这一点非常重要，也是我非常非常相信的东西，所以你必须密切关注。"

但是，当然，你不是真的在说这些话。这些话是通过内心深处的感觉无意识地传达给你的潜在客户的，这种感觉是从感性的层面感动潜在客户，而不是逻辑层面。你明白我的意思了吗？

关于这一点，另外一个很能说明问题的案例就是，我们如何运用激情来为客户建立受感情支配的确定性：他们总是认为，我们销售的任何产品都是很好的。

但是，要清楚，我说的不是那些十分疯狂的品牌营销：在大喊大叫、胡乱挥舞手臂的同时，不停夸奖自己的产品是如何的好。这不仅荒谬可笑，还很容易让潜在客户夺门而逃。

我说的是一种含蓄的激情，它隐藏在表面之下，只有你说话的时候才会体现出来。你要口齿清晰，轻重音分明，就好像说话时紧握拳头，内心有一座随时可能爆发的活火山。但是，事情当然不会失控，因为你是专家，掌控着整个局面。

那种含蓄的激情能在情感上给别人带来巨大的冲击，而且它也能使你听起来像一个专家。要记住不要在一个语调上停留太长时间，否则客户很快会厌烦的，用更专业的术语来说，就是他们会先习惯，然后毫无反应。

为此，我经常变换我的语调和肢体语言，以防止那种情况发生。你看，客户的毫无反应不是没有缘由的，那实际上是基于潜在客户对于你是否值得倾听的权衡。潜在客户会问自己：这个人能帮我达成目标吗？这个人能帮我得到我想要的吗？这个人能帮我消除我的痛苦吗？

如果这些问题的答案都是“不能”，那么他们就会毫无反应。如果答案是“能”，那么他们就会认真倾听。事情就是这么简单。

这也是为什么一进门表现得聪明机智、热情似火并且像是本行业领域的专家是至关重要的。如果你做到了，那么你不仅能让潜在客户认真听你说的每一句话，而且还能使潜在客户拱手交出主导权，因此你便有很大的概率完成交易了。

至于如何在现实中运用这种技巧，你会发现只要经过一点点实践，你就能无意识地运用正确的语调和肢体语言，即自动地在任何需要施加影响力的场合运用它们。但是，在那之前，你需要有意识地将正确的语调和肢体语言运用到每一个场景中。这将确保潜在客户紧紧待在你的磁场区域内，并且不会对你说的话毫无反应。

友好关系

有意识和无意识层面的友好关系

在我们进入下一章节之前，我想谈论一下有意识的思维和无意识的思维之间的关系，特别是，它们如何共同起作用以引导潜在客户做决定。实际上，在非常关键的开头几秒，你引导客户的有意识思维，并直接与他们的无意识思维对话的能力，决定你能否成功掌控整个销售过程。在销售环节快结束的时候，你与两种思维同时对话的能力能让你越过最难搞定的客户的行动门槛，达到直线系统竞争力的最高水平，而这也就意味着你能与任何可达成交易的人达成交易。

话虽如此，让我先来破解关于两种思维关系的一个传说，即有意识思维比无意识思维要强大。

实际情况绝不是那么回事。

你的无意识思维，速度惊人，容量无限大，差不多比其对手“有意识思维”强大20亿倍，它才是你行走江湖的法宝。它昼夜不停地工作，控制着你整个自主神经系统——调节你的心跳、血压、呼吸、消化、激素分泌，以及身体里其他可以自主起作用的系统。

一般来说，无意识思维的主要目的是维持事物的原本状态，从科学的角度看，就是维持机体自我平衡的状态。你的体重、体温、血糖含量水平、血液里的氧含量，所有这些东西以及其他数不清的类似东西时时刻刻都在调整变化，以保持人类在几百万年的进化过程中达到的最优水平。

反之，当你生存在这个世界上时，你的有意识思维在努力理解周边的事物时渴望拥有处理能力。结果，在任何特定时刻，它仅仅专注于周边环境的3%或4%，并将剩下的部分剔除，这使得它能把自己相对不足的处理能力百分之百放在它认为重要的少数关键事情上。所有这些关键事情代表着自觉意识，你要通过逻辑和推理来分析它们。

举例子，此时，你有意识思维95%的部分聚焦到了主要的关注点上，也就是读我上面写的内容，并仔细考虑刚才读到的东西的内涵。环境中的其他部分则是你的次要关注点，包括所有可以被任何一种感官感知的事物，这些事物不是太极端就是断断续续，你的有意识思维因为对它们不敏感而忽略了它们——背后嘈杂的电视声、有毒的气味、附近建筑工地传来的噪声、他人的呼噜声，以及你自己的呼吸声。

与此同时，有意识思维剔除的那96%或97%的世界全部被无意识思维捕获了。你看，无意识思维不仅负责调节身体所有的功能，还是所有记忆的中央存储器。

其实，所有你看到的和听到的都整齐有序地排列在那儿，不管当时看起来多么微不足道或者你现在是否还记得。你的无意识思维把你的所有经历记录下来，并将其与过去类似的经历进行比较对照，然后用比较对照的结果改善和扩展你内心的“世界地图”，也就是通常所说的，无意识思维充当着你内心世界的晴雨表，负责帮你做出快速决定，即时判断，建立第一印象，以及告诉你如何认知周围的环境，包括它应该怎样运转，自己在这个环境里该如何行动，哪些类型的行为在你的舒适区、哪些不在。

为了帮助你用地图导航，以及确保你的快速决定、即时判断、第一印象与你地图中的信念保持一致，你的无意识思维还创造了“行为模式”，使得你能对那些之前被剔除出去的场合进行快速反应，而这是以一种流畅而又优雅的方式与你对自身和世界的价值观保持一致的，并且任何情况下，都不需要你有意识地进行思考。

其实，一般化、地图化和模式创造这三个步骤，能使你在不熟悉的环境中遇见陌生事物时游刃有余。

比如，当你走到一个陌生人的家门口时，你不需要停下来仔细研究这扇门的每一个特征，或是猜测转动门一侧的圆形把手是否安全。尽管以前从来没有见过这扇门，但你的无意识思维已经浏览过这种场景无数次了，所以当这扇门第一次进入你视野的时候，无意识思维就开始行动了——以迅雷不及掩耳之势把这扇门与你地图上标“门”的点以及安全地打开它们并进出家门的诸多策略相匹配。

显然，在这里我运用了一些想象力，但是我的观点是准确的：与其不得不在每扇新的门前、人行道的裂缝处或者无数其他的场合停留，不如让你的有意识思维停止从逻辑上考虑问题，而让你的无意识思维立即行动，这样会轻松得多。

实际上，从你的有意识思维角度看，这些快速判断和即刻决定是基于内心感觉的，并且会表现得与其一致，直到被证明是错的。

这样的情况在销售领域经常发生，而当它实际发生时，差不多都是由销售人员一些愚蠢或者无根据的话引起的。换句话说，潜在客户对你的第一印象是你无意识沟通交流的结果，能被一些选择性的话语全盘摧毁。考虑到语言是严密的逻辑案例的基石，因此认为逻辑案例是我们有意识决定的基础也非常说得通。

然而，当说到严密的感性案例时，我们则更多地依靠无意识交流，其通常以语调和肢体语言的形式进行，而不是所说的话。

当通过电话进行销售时，我们会用 10 种核心语调从感情上影响客户，附加的语言则是从逻辑上说服客户。而当面对面销售时，我们同样用肢体语言从感情上影响客户，用语言从逻辑上说服他们。

所以，最后，不管是面对面还是通过电话，你运用的策略和你想要的结果都是一样的：你将用语言来影响潜在客户的有意识思维，用语调和肢体语言来影响他们的无意识思维。前者的结果是一个严密的逻辑案例，后者的结果是一个严密的感性案例。你需要知道的是说什么和什么时候说、运用什么样的无意识交流技巧和什么时候运用。就是这么简单和直接。

至于你应该用什么语言来完成任务，我将在第 11 章告诉你。

然而，尽管模式万无一失，成功与否仍然取决于你能否在进入销售阶段时激发自己的心理状态，并持续到最后。

我们将这个过程称为状态管理，而它也是取得成功的关键因素之一。在接下来的章节中，我将带你来一次回忆之旅——回到 stratton 公司的早些时候，向你展示状态管理的真正力量，并为你提供一个不仅广泛有效而且极易学习的依葫芦画瓢式的策略以帮助你管理自己的状态。

第 5 章

状态管理

在 Stratton 公司情况失控之前。会议室曾经是一个真正令人印象深刻的地方。它是最纯粹意义上的平等社会，是个只通过业绩表现，而不是文凭或家庭背景来评价一个人的精英社会。一旦你走进我们的会议室，你是谁、来自哪里、过去犯了什么错误，所有这一切都可以抛诸脑后了。

其实，直线系统充当了“伟大的平衡器”的角色，使无法掌握自己命运的人彻底改造自己，开始新的生活。

为了告诉你直线系统对这些孩子起了多大的作用，我想说得夸张些：超过一半的人出现在我面前时几乎不具备任何销售能力，然而，60 天后，这些孩子可能会彻底改变。

不管我亲自见证了多少次，这种彻底的改变依然让我感到惊讶。从他们走路的样子、说话的方式，到如何着装、如何和他人握手，以及如何进行眼神交流。你能感觉到他们全身都散发着自信。

我知道很多人会对自己这样说：“我不觉得有什么大不了。

我的意思是，在我二十几岁时，如果你每个月付我 5 万美元，我也会按照你的要求改变自己。我也会改变走路方式、改变说话方式、改变着装方式，让我洗耳恭听我也愿意！我想说，谁不会呢，对吧？”

如果你是这样想的话，我不能说你错了。毕竟，你的辩解既机智又深思熟虑，抓住了人的本性。不幸的是，那并不能改变你把精力用在了不该用的地方这一事实。

你知道，stratton 公司的培训项目长达 6 个月，所以当我见证他们的改变时，没有任何一个孩子已经开始赚钱。他们还只是培训生，身无分文。

那么是什么引起了这样的改变呢？

事实上，这背后不仅发生了一件事，但是改变的核心是一个有力的可视化的技巧，这个技巧被称为“展望未来”。

简而言之，展望未来需要你在脑海中展开一部想象中的电影的画面，画面里你能看到自己未来功成名就的样子。结果是此刻你就能经历未来功成名就带来的正能量，而不是等到多年以后你真正成功的时候。

在日常销售会议中，我常常提醒学员们展望他们自己未来成功的重要性，我也引导他们坐在各自的座位上在脑海里放映充满正能量的电影，要他们看到未来已经成为富人、过着富足生活的自己。当然，就像我告诉 stratton 公司最早的 12 个员工要“表现得好像”富人一样，我不断把同样的信息传达给办公室里的人。

我会说："如果你表现得像是一个富人，好像已经非常富有，那么你就会变得富有。你表现得十分自信，那么人们就会对你充满信心。你表现得好像你知道所有答案，那么答案自然而然就会来找你。"

换句话说，我告诉他们，他们不仅要像富人一样思考，更要像富人一样行事，因为那将带来积极的思想状态。

前面提到过，这一状态的专业术语是"状态管理"。

其实，当你在管理自己的情感状态时，你就是在把那些会让你感到沮丧的令人心烦意乱的思想和情感抛出脑外，从而让你自己保持一种积极的心理状态。

状态管理之所以对取得成功如此重要，是因为你当前的情感状态决定了你是否能调动内在的所有资源来达成自己的愿望或目标。

当你处于一个积极的状态，比如"确定性"，那么你就能调动内部的所有资源助你取得巨大的成功。反之，当你处于一个消极的状态，你就不能调动内部的所有资源，那你就很难取得成功。

这类似阀门的工作原理。

处于积极的状态就好比你内部资源的阀门被全部打开了，因此你能轻易靠近这些资源。而消极的状态则好比那个阀门被关上了，因此你无法接近你的资源，不管你多么需要它们。

让我来举个例子：

想象一下，你有一些世界上最厉害的销售技能。你是直线系统所有方面的专家，从迅速控制销售到运用世界顶尖的循环策略和达成交易。

但是让我们假设你在一个极度不确定的状态下来到客户的门口，那么那一刻你在对方眼中会是一个怎样的销售人员呢？

不是太好，对吧？

你看，在那一特殊的时刻，你被阻止调动你的内部资源，在这种情况下，不管你是一个多么伟大的销售人员，你的销售技能也无法使你达成你心中的目标。

你的个人生活也是一样的道理。

假如你已为人父母。

显然，你很爱你的孩子，以自己是出色的家长而自豪。实际上，你也读了一些关于如何做一个家长的书籍，来学习策略和视角，所以你知道自己在做什么。但是让我们假设你辛苦工作一天后回到家，你在愤怒和不耐烦这两种特别不好的状态下进了家门，那么那时你会成为一个怎样的家长呢？

同样，也不见得会有多好。

你的愤怒和不耐烦使你无法充分利用自己为人父母的资源。所以，尽管你仍然像往常一样深深地爱着你的孩子，依然有成为一个优秀父母的所有绝佳技巧，然而在那个特殊的时刻，你无法充分利用它们。

这是底线：作为一个销售人员，或者作为一个以成功为导向的人，你必须学会如何激发自己能量满满的状态，否则，你将痛苦一生。没有第二条出路。

然而，在这里我需要澄清一点，我不是说你需要，或者应该一直处于一种能量满满的状态。那简直是疯了。

略微思考一下：如果一个人一直挺起胸膛，处于一种绝对确定的状态，你会如何称呼他呢？

你会叫他傻子，对吧？我们不喜欢这样的人。

当然，你不会想成为这样的人。

我本不想过于强调这一点，但这对个人发展来说比你想象的要重要得多，对那些参加只注重内部博弈技巧的研讨会的人来说尤为重要。问题就是当你教的这些技能没有实际运用的场合时，参与者几乎总是会得到错误的信息。

关键的区别就是一旦你学会了激发能量满满状态的技巧时（后面我将教你世界上最有力量的一种技巧），你只想在某些特定的时刻使用它，比如开始销售前、试图完成一桩交易时，或者开始一场谈判时，又或者仅仅是做一个事关你个人生活的重要决定时。

实际上，在后面的这些情形下，你一定想确保自己处于能量满满的状态下，因为作为一个物种，人类在状态很差的时候往往会做出最糟糕的决定（在状态极佳的情况下往往会做出最好的决定）。

就在销售领域取得成功而言，在状态管理领域，你需要学习如何任意激发 4 个重要的状态。我们暂且称之为“4 个 C”：

确定（Certainty）、清晰（Clarity）、信心（Confidence）和勇气（Courage）。

这些是获得成功和财富的关键状态。如果你不学会如何激发它们，那就是对自己的未来不负责任。开始销售时，即便不确信自己会处于极佳的状态，你也可以充满信心，因为你有一个万无一失的策略，叫作“嗅觉锚定”。

差不多在 10 年前，我就创建了“嗅觉锚定”策略，以便在变得越来越诡异的环境下随时激发能量满满的状态来满足自身需要。

第一次进行全球巡回演讲时，我发觉，在自己所处的环境里保持能量满满的状态是非常重要的，尽管周边环境经常不利于我。

比如，我常常被电视采访、脱口秀、广播、报纸采访、赞助商要求逼到死角，所有这些活动都要求我看起来处于极佳状态，实际上，它们要求我时时刻刻处在绝佳状态。在巡回演讲中，不管多么累、倒时差，或者完全筋疲力尽，我还是要举止得体。

除此之外，我还不得不上台，为那些付费来看我的众多观众做 2~10 小时的演讲，所以从我站上舞台的那一刻起，我不得不在几秒内把状态从每小时 0 英里调整到每小时 100 英里[①]。

这就是我必须面对的现实。

当时，我刚刚开始使用一个叫作“NLP 锚定”的状态管理技巧，它是一系列技能和策略的组成部分，这些技能和策略组成了以神经语言程序闻名的知识群，简称 NLP。

NLP 活动在主流心理学的边缘，它的首要前提是人脑与电脑的工作原理相似，因此能被程序化以对某些关键的行为模式做出瞬时的改变。然而，唯一的问题是，在你做出改变之前，你首先需要知道两件非常重要的事情：如何为人脑写代码？用哪种软件来植入代码？

我知道，这听起来很复杂，但实际恰恰相反。听我解释完，你就会明白我的意思了。

根据 NLP，语言是大脑的软件，你写代码的方式是通过建立由很多单词组成的语言模式，无论是简洁的短句还是长篇大论，这些单词依照一系列基础但却十分有力量的语言规则排列，而这些语言规则可以通过很多非常复杂的方式重构任何人的大脑，包括你自己的大脑。

而其中一种方式则是 NLP 锚定的基础。

NLP 锚定的基本前提是人有选择在某个特殊时刻如何进行感知的能力，而不是被周边环境或个人生活中发生的事情

① 1 英里≈1.609 千米。——编者注

左右。

换句话说，当面临选择自己的情感状态时，我们可以是积极主动，而不是被动反应的，尽管后者是大多数人印象中我们唯一的选择。

绝大多数人相信他们当前的情感状态是施加于他们的外在力量的结果。比如，如果积极的事情正发生在你身上，那么你就会进入积极的情感状态；如果消极的事情发生在你身上，那么你就会进入消极的情感状态。

显然，NLP 状态中的积极主动特性对销售中的任何人都有吸引力，对任何一个想过上充满能量的生活的人也是如此。为此，NLP 已经把整个状态管理过程精简为由人的意识所控制的两大核心要素。

第一大核心要素是：你选择关注什么。

大体上，在任何时候，你都可以选择自己注意力集中的方向，并且基于所做的选择，你也会进入与自己选择关注的东西一致的状态。

如果你在接下来的几分钟内专注于生命中的美好事情，比如近期生意上的成功、处于热恋中的情侣关系、孩子们的健康、达成的近期目标、一次家庭旅行，那么很快你就会进入一个积极的、充满力量的状态，这种状态是所有这些美好东西的反映。

相反，如果你花费同样多的时间专注于生活中不好的事情，比如近期生意上的失败、一场离婚、生病的孩子、没有完成的近期目标，那么很快你就会进入一种无力的状态，这种状态也是所有这些烦心事的反映。事情就是这么简单。

第二个核心要素是：你当前的生理状况。

这由你移动和控制身体所有可能的方式组成：你的姿势、面部表情、活动四肢的方式、呼吸的频率、运动的整体水平。当与情感状态相联系时，人类的生理状态几乎没有任何文化差异。

换句话说，人类，作为一个物种，当处于快乐、积极的生理状态时，最终都会适应相同的生理状况。也就是说，出生成长在巴布亚新几内亚的人和因纽特人一样，沮丧时不会微笑，高兴时也不会皱眉，在葡萄牙长大的人也一样。

比如，如果我指着一扇关着的门对你说："门后面有一个非常快乐的女人！为了一万美元的奖励，我想要你告诉我下面哪些生理状态十分恰当地描述了她：她是微笑的还是皱眉头的？她是抬头的还是低头的？她的呼吸饱满而深沉还是缓慢而短促？她的肩膀后仰还是前倾？她站立时笔挺还是弯腰驼背？她的眼睛睁得大大的还是稍微眯着的？"（当然，如果是一个沮丧的女人，同样的问题也适用。）

实际上，我已经向全世界的现场观众问过这些版本的问题了，不管我在世界的哪个角落，所有的观众总是用同样的方式回答这些问题。

换句话说，我们知道一个沮丧的人看起来什么样，也知道一个高兴的人看起来什么样。我们知道一个愤怒的人看起来什么样，也知道一个充满爱心的人看起来什么样。我们知道一个不耐烦的人看起来什么样，也知道一个冷静的人看起来什么样。这都非常符合逻辑。

现在，让我再问你另外一个和状态管理有关的问题，尽管是从一个稍微有点儿不同的角度。假设你现在情绪十分低落，我给你 50 000 美元，让你在接下来的 6 秒内表现出高兴。你能做到吗?

能，当然你能做到!

对你的生理状态做出某一明显的改变就是这么简单，从你还是个小男孩或者小女孩起，你已经在生活中实践过无数次了。

然而，如果我给你 10 万美元，不，100 万美元，像上次一样请你改变自己的生理状态，不过这次有很大的不同：这次，我需要你在接下来的 18 个小时内保持开心的状态。你能做到吗?

不可能。

不管你多么努力去尝试，你都做不到。

这是不可能的。

要清楚，这与你能力的强弱没有任何关系。仅仅是由人类这个物种的构成方式决定的。

你看，我们确实能在特定的时刻以自己想要的方式感受这个世界，尽管这一时刻稍纵即逝，但也给了我们一扇机会之窗，可能是5分钟，也可能是1个小时。在那之后，你将会慢慢回归之前的状态。

如果这些东西对你来说仍然像天方夜谭，下面有一个可以真正弄清事实的快速测试，准备好了吗？

好，我想要你回想一下别人要求你管理自己状态的所有时刻，包括那些你并没有称为状态管理的时刻。

比如，有多少次别人对你说："不要气馁"、"摆出勇敢的面孔"、"保持警惕"、"保持冷静"、"微笑且有礼貌"或者"不要发脾气"。

明白我的意思了吗？

现实就是在诸多场合下，我们一直在努力管理自己的状态，有时成功，有时失败。锚定的目标是除掉"不"字。

所以，了解了这些，让我们说得具体点儿。

NLP逻辑的第一次飞跃是基于认为人类可以通过有意识地引导其自身的注意力和生理状态，从而百分之百成功地主动管理自己情感状态的观点。

第二次飞跃或者进步就是把上述理念和经典的巴甫洛夫条件反射作用结合起来，就像巴甫洛夫的狗一样。

还记得巴甫洛夫的狗吗？

据说，19世纪末的某个时候，一个鲜为人知的俄国科学家伊万·巴甫洛夫用一条饥饿的狗（在那时非常常见）、一块肥肉（在那时几乎不可能找到）、一个声音很响亮的铃铛（非常常见）做了一个实验。

不管怎样，这个实验的设计非常简单。

每次摇铃铛的时候，就给小狗香喷喷的肉吃。

果然，最开始时，小狗看到肉会立马流口水，而铃声对它来说只不过是个巧合。然而，巴普洛夫很快发现随着他不断重复这个过程，不久后，即使没有肉，小狗只要一听到铃声也会开始分泌唾液。

巴普洛夫总结，这一结果的原因是随着他重复实验，铃声和肉在小狗大脑中的联系会越来越紧密，直到最后这种联系强到只要铃声一响，小狗就会分泌唾液。

在 NLP 中，铃声可以被看作“锚”，摇铃响的行为可被认为是“抛锚”，两个本来毫不相干的事物以这种方式联系在一起的过程被称为“锚定”。

销售人员通常会努力把一个锚设定为绝对确定的状态，他们会把大声喊出“是”和连续鼓掌与常见的“锚”联系起来。

现在，如果你认为一边鼓掌一边喊“是”不如用一块油水四溢的牛肉来刺激一条狗那么强烈（同时铃声响得足以唤醒死人），那么你像我一样：感到受挫、困惑，但是仍然渴望知道答案。

然而，反过来说，我知道 NLP 方法背后的科学是美好的，解码的代价是难以估量的，尽管对我来说不是这样，但是对于接下来几年参加我现场演讲的数百万人来说是的。

你看，不像大多数人，我很幸运地拥有在很高水平管理自身状态的能力，所以锚定对我来说更像是一种奢侈品，而不是必需品。

尽管如此，不幸的是，对每个像我一样古怪的人来说，有上千万正常的家伙，他们在这一领域的天赋是截然不同的。所以，我继续用很多可以和基本的 NLP 锚定联系起来的策略进行实验，以便逐步提高它的影响力。仅仅用了一个月多一点的时间，我就尝到了甜头。

2009 年夏天，我创建了一个广泛适用的状态管理技巧，我自豪地称之为“嗅觉锚定”，它诞生的时候并不显眼。它确实很“瘦弱”，但是很“匀称”。然而，在它所有的本质特征中，有一项特征尤其引人注目——它招人厌恶。

第6章

万无一失的状态管理准则

郑重说明一下，我把“嗅觉锚定”的发现视为自己诸多站在天才肩膀上取得的成就中的一种。

这里我所指的天才是理查德·班德勒博士，他是无比聪明和高深莫测的科学家、预言家、表演艺术家以及杰出的催眠师，他与语言学家约翰·格林德尔协力发明了 NLP。

20 世纪 80 年代早期，因关注内心世界的差异，如信念系统、观念体系、状态管理，NLP 像风暴一样席卷了自我发展界，并且自那以后在推动工业发展方面起到了核心作用。

我学习它是为了学习 NLP 当时闻名于世的两种特殊策略。第一个策略是时间回归，用来帮助人们解开有限信念的密码，并将它们替换成更有力量的信念；第二个策略就是锚定，像在前面章节中已经讲过的，用来帮助人们激发处于峰值的情感状态。

最终，我在应用前者的过程中取得了巨大的胜利，但是后者，就像我已经解释过的，收效甚微。所以就是在 2009 年的夏天，我开始实验各种方法来提升锚定的影响力。

2010 年的早些时候，我淘到宝了。

回想起来，我仍然不确定为什么花了那么长时间才弄清楚锚定的玄机。毕竟，NLP 锚定和嗅觉锚定之间的差异仅仅在于我加进去的两个策略，这两个策略各解决了锚定中一个重要的方面，班德勒认为这两个重要方面都很容易受到具体执行的影响。

第一个脆弱性与你在介绍锚的那一特定时刻能够把自己的状态推动到何种紧张程度有关。班德勒解释道，关键在于，就你内心感受到的紧张程度而言，为了成功地锚定，你必须处于个人状态的绝对顶峰位置，只要低于那一顶峰值，就无法完成锚定。

从这会如何影响到第 1 章中提到的确定性范围的角度来看，你不得不位于代表绝对确定的“10”，没有任何“假设”、“并且”和“但是”可言，只有在那个时刻，当你觉得确定性在内心膨胀，像沸腾的火山即将爆发一样时，你才能引入一个锚并且真正启用它。

这是 NLP 锚定可能使人犯错误的第一个方面：试图人为地使自己进入绝对确定状态，或者为此，使所有事情绝对化，而不是有机地看待事物。

第二个脆弱性与你选择何种锚（比如巴普洛夫实验中的铃铛）有关。

正如班德勒解释的，这个锚不仅需要立刻击中你，还要以一种戏剧化的方式凸显出来。一个平常的声音或者手势根本行不通。它必须是极端的，越极端越好，实际上，越不寻常越好。其实，以一种令人印象深刻的方式击中你的大脑且震惊你的感官，就是一个锚所需要具备的特质。当然，找到一个锚非常重要，但是不要浪费太多时间去找锚。大约 7 年前，我遇到了世界上最伟大的锚，在这一章节我将把它放在银盘上郑重地呈给你。

现在，我要教你嗅觉锚定，这是这些年我能找到的最好的方法，秘密就是先带你穿过 NLP 锚定。这能给你提供实实在在地掌握嗅觉锚定的完美环境，顺便提一句，嗅觉锚定很容易掌握，不仅你能一次性学会，一个 7 岁小孩也能做到。

让我们开始学习吧。

有 5 个基本步骤：

步骤 1：选择一个状态

你为你想要锚定的情感状态设定一个意向。这是一个有意识的决定，基于你将要面对的环境，而不是正在面对的环境。换句话说，锚定是一个前瞻性的过程，本质上是积极主动的。

为了这个练习目的，让我们选择一个绝对确定的状态，因为这对你进入销售阶段最有助益。

步骤 2：选择你的关注点

此时，你闭上眼睛，回想你人生中感到绝对确定的时刻。

一个恰当的例子可能是在你完成一项艰难的销售后得到了一个听起来很棒的结果时。不管什么原因，你那天感觉极好，现在，当你回味那次销售的余韵时，你会有种超级自信的感觉——那是种绝对确定的感觉，你感到你能征服整个世界，接近任何可接近的人。

在你定位了那个记忆后，我想要你在脑海中创造一幅生动的图像。我想要你在脑海中展示整个场景，以便你能看到其中所有的表演者，用他们观望的方式看他们，包括他们的穿着、发型，甚至房间的样子。

创造一幅像这样的内在画面，在那儿你能从高处俯视自己，并处于一种分离的状态，它是目标设定和自我激励的重要方面——它让你看到自己完成某一目标或任务的景象，甚至是关乎你未来的更为完整的景象。然而，设定一个锚定的目标时，我们要用一个更有力量的方式使用这个内部图景，我过一会儿会在第四个步骤讲到。

步骤 3：选择你的生理状态

在这里，你要改变你的生理状态来匹配你努力锚定的状态的生理要求。比如，在这种情况下，你要确保自己看上去很坚定：坚定地站着，坚定地昂着头，走路坚定，说话坚定，甚至连呼吸都是坚定的，以至于几乎你身体的每一个部分，包括你最微妙的手势和面部表情，都与绝对确定的情感保持一致。

如果你认为这能起作用，你甚至可以让步骤 2 的图景活动起来，这样你就能在“电影”中看到自己，当你运用绝对确定的哲学时可以将想象中的自己视为偶像。

记住，因你的信念感到害羞和胆怯在这一点上不会对你有利。十分简单，在这些案例中，“更多才代表更多”，而不是“少即是多”，这同样适用于你的注意力，就像你正要在步骤 4 中看到的那样。

步骤 4：强化你的状态

在这一步，你需要通过你的 5 五种感觉模式（俗称你的五感）来使用步骤 2 中你在脑海中创造的图景，并通过一种方式用你的大脑来控制它，这种方式能强化你在脑中创造的绝对确定的感觉。

首先，让我带你过一遍这 5 种感官模式。

视觉：你看到的，包括在外部真实世界看到的，也包括在内心世界看到的。在后一种情况下，这些画面可能来自回忆，也可能是你运用自己的想象力创造出来的，或者是二者的结合。

听觉：你听到的，包括外部的和内部的，与上面列出的一样。

动觉：就是你感受到的，包括外部的和内部的，与上面列出的一样。

味觉：就是你品尝到的，包括外部的和内部的，与上面列出的一样。

嗅觉：你闻到的，包括外部的和内部的，与上面列出的一样。

在大多数情况下，我们倾向于以前面三种模式来理解这个世界，其中视觉占主导地位，紧接着是听觉和动觉。但是，当然，涉及大脑时，没有什么是一成不变的。比如，如果你是一个厨师，那么你将很大程度上依赖味觉，如果你是一个品酒师或者香水制作者，那么你将非常依赖你的嗅觉。

就像前面解释过的，在锚定中使用这些模式的方法就是在你的脑海中形成画面，然后改变它，从而使它在情感上对你来说更有力量。

比如，如果你此刻在脑海中聚焦于某一画面，你可以控制大脑使画面变得越来越大，越来越亮，越来越清晰，你甚至可以使它离你更近；那样就能扩大画面给你的任何感觉，在这个特殊的例子里，则是一种绝对确定的感觉。然而，在现实生活中，吸引你的只有静止的画面，这也是为什么我们从观看电影或者电视节目中感受到的比从浏览图片或杂志中感受到的要强烈。

实际上，动画产业的发展完美地向我们展示了画面的大小和质量与我们因其产生的感受之间的关系。例如，这个产业开始于无声黑白电影，后被有声黑白电影代替，后被彩色电影替代，后又被染印法彩色和音响替代，接着又被宽屏电影、立体彩色和杜比降噪系统替代，一直发展到IMAX巨幕电影、3D和环绕立体声等等。

要注意，把物体变得更大、更亮、更清晰和更真实这一明显趋势在达到某一程度后会反转，而这一过程伴随着超高的IMAX屏幕、3D技术和从未真正流行过的环绕立体声摇椅。

这就是我们用五感模型来强化你的确定状态，抓取你在脑海中创建的画面，并且使它经历与动画产业相似的进化过程的方式。我现在就向你展示它。

让你的大脑工作

我想要你通过抓取在脑海中创造的静止画面开始，然后使之动态化，这样你就能真切地看到自己在画面里活动，并在你要结束这一大宗交易时展现最好的自己。如果有帮助的话，你甚至可以给画面增添一个框架，将其想象成一台平板电视机。

把一幅静止的画面变成动态的画面之后，你会觉得与场景的联系更为紧密，你的确定性状态开始强化，特别是在我们采取下一个给记忆增加对话的步骤时。所以，现在就做：加上恰当的对话，尽你所能去回忆，给你自己同样完美的语调和肢体语言。如果你想起来的对话不适合你，那么你可以创造新的对话——挑选能够使你有力量、帮助激发你想要的状态的话。

现在是使你脑海中形成的画面变大、变亮、变清晰并离你更近的时候，你甚至可以加上3D效果或者其他任何变化，但是记住，任何变化都应该使画面对你来说更真实，从而提高你的确定性水平。当你脑中的变化所带来的回报逐渐减弱的时候（就好像你被迫坐在剧院的最前排，或者把电视机屏幕的亮度调到最大时），慢慢转换变化直到画面变得完美。

当你对这一内在画面进行各种各样的“编辑”时，要注意与这个记忆有关的感觉是如何继续变得越来越强烈的。接着你可以通过想象它们占据着你身体的某一部分，如恰好在你的心脏处或者腹腔神经丛来进一步强化这些感觉，把你的手掌放在那个点上，观察感觉如何向某一个方向旋转或翻腾。当感觉汇聚到一起时，让你的手跟着它们移动。你可以用手把感觉旋转得更快，你甚至可以将你最喜欢的颜色融入感觉中，或者加上一点点烟花，只要它……讲到这，让我们暂停一下。

我有一个问题想问你：

你是不是认为我失去理智了？我的意思是，认为感觉有颜色，并可以翻腾和旋转，烟花还会从里面蹦出来？不可否认这听起来有点诡异，你不觉得吗？实际上，我是第一个承认它的人！但是，你认为在我有很多其他事情去说，而不仅仅是我发明的这个直线系统的情况下，说这些的目的真的是浪费你我的时间吗？

你用大脑的力量做的所有这些调整，实际上将会更进一步地强化你的状态，这是非常重要的，因为只有当你处于一种状态的巅峰时才能设定一个锚！（仅仅靠这一策略不会使你成功，但是它能使你为嗅觉锚定做好足够的准备。）

步骤 5：设定你的锚

现在我们来到了步骤 5，在这里，你将实实在在地设定你的锚。这需要你抓取刚刚形成的强烈状态，并将其与一个词或者一首颂歌、一些外部的声音和敏锐的感觉联系起来，就像一边拍掌一边大声喊“是”——那对我来说就是整个过程开始出现问题的时候。

这个过程开始于我挣扎着去寻找一个看上去足够极端、足够特别的声音、词语或者动作，以用作在任何场合都能使我亢奋起来的锚。不知出于什么原因，任何事情都感觉不对，所有事情都好像没有意义，直到有一天，事情突然发生了转变，感觉对了，意义也有了。

但是我不太记得是怎么想到用嗅觉的了，尽管它一定与我童年时代的一些记忆有关。你懂的，作为一个成年人，童年时代闻到的哪怕一丁点儿味道——夏令营期间卡茨基尔山上刚刚修剪过的草坪、我父亲带我钓鱼时码头附近的流水，或者祖母屋里封存的麝香味——足以立刻唤醒记忆深处最有力量的回忆，并使我立即亢奋起来。

想到用嗅觉来设定一个锚后，我不久就找到了完美的产品。这类产品有两个条件：

(1) 要满足班德勒的标准，这种味道就必须足够极端，足够不寻常，足够有力量，足够刺激，还要对鼻子友好不至于使人作呕或者变成一个“消极锚”。

(2) 它必须有一个不引人注目的传送系统，对我来说，它必须便携、切合实际，并且个性化，也就是说，我可以非常容易地将它放进口袋，不动声色地取出它，然后在气味不会扩散到周边环境、影响周围的人的情况下用它来进行锚定。

我发现的产品就是“BoomBoom”。

BoomBoom 是一个无色唇膏大小的有光泽的黑色管状物，打开瓶盖，放在鼻子边闻一闻，你立马会进入最佳状态。

这对我来说是一个令人惊喜的突破，尽管以它为铺垫的其他突破更为令人惊叹，但是真正把嗅觉锚定变成万无一失的状态管理策略的却是这个。

那么第二个重大突破是什么呢?

简单地说，我想出了一个有趣简单的办法：去掉了 NLP 五步锚定过程中的第二、三、四步，留下了更简洁、精炼，也更加方便用户使用的两个步骤，也就是我提到的嗅觉锚定，因为它建立的基础是味道，也就是 BoomBoom。

要准确地解释我是怎么做的，先让我倒回去一步：

在我成为 NLP 重要的参与者后，我花了 6 个月时间努力为自己的确定性状态设定了一个锚。但是不管我尝试多少次，当我到达第四步的时候，即用 5 种感官来强化我的关注点，事情就开始变得越来越糟糕。

问题开始于我选择关注的记忆。我思考着，我的生命中有哪些时刻比第一次在黑板上画出那条直线的神奇的周二晚上更能让我感到确定。我说的是在第 2 章中详细描述过的那个时刻，那一刻我的思路打开了。我几乎想不起对任何事情更为确定的时刻。

但是，让我吃惊的是，当我努力设定一个锚的时候，什么都没有发生。没有锚被设定。所以我一而再，再而三地尝试。

什么也没有，没有任何结果。

所以我开始关注不同的回忆——过去的回忆、新的回忆、近期的回忆；有关我销售的回忆、有关我训练销售人员的回忆、有关我上台演讲的回忆，但是不管回忆多么有力量，不管我多少次努力用 5 种感官模型尝试达到状态的巅峰，我在内心深处知道我并没有到达那里。

这个策略很难实施的原因在于你必须处于状态的巅峰才能成功锚定。无论是否有人引导你通过这一过程，你都应真正建立人为的绝对确定状态，我的意思是，要真正地做这些，不要说任何废话和夸大其词的话，这将是一个长期的过程，最重要的是，它也很容易使人陷于自我妄想，即人们努力想象自己已经成功的事实，因为他们极度渴望那样的效果。

实际上，当要设定一个锚的时候，我认为自我妄想比其他任何东西都重要，尤其在现场活动中，人们被迫追随大众，他们唱啊、跳啊、欢呼啊、鼓掌啊，像野鬼一样大声叫着“是的”，然后为他们设定的锚而举手击掌。

然而，赤裸裸的现实是，他们从不断高涨的状态中获得了巨大好处，他们学得更快，记得更多，得到了永远不会忘记的经历（他们还会再次尝试），但这一切仅仅是暂时的。

那么面对这些我要怎么做呢？

最后，我意识到，对我来说，为了达到设定一个实实在在的锚所需要的十分强烈的绝对确定水平，最靠谱的办法就是等待：直到我真正处于那一状态时，再设定我的锚。

换句话说，我不愿费尽心思通过一系列有力却完全主观的 NLP 技巧来制造绝对确定的顶峰状态，却不知道自己是否已经到达那儿了。我所要做的就是等待我在现实世界中真正完成了一笔大交易、进入绝对确定的顶峰状态，那么那时，也就是在那时，当我回顾达成这笔大交易的时候，我身体的每一个细胞都会知道我真正地处于绝对确定的状态，而不是人为制造的模仿状态，我将会拿出我的 BoomBoom，将其放到两个鼻孔前并用力地闻一闻。就这样，我为自己设定了一个十分有力的锚。

锚

所以总结一下：在毫无准备的情况下，与其选择你要锚定的状态，不如等待你达成一项实实在在的大交易时的恰当时刻（或者任何使你自动快速进入绝对确定的状态的场合，以及任何那样的事情），接着，就在那时，在那一刻，当时机到了，你迅速拿出你的 BoomBoom，打开盖子，放到两个鼻孔前深深地吸一口，你马上能感觉到薄荷和柑橘的味道喷薄而出，浸润着你所有的嗅觉神经，给你令人愉悦的、爽快的力量。然后握紧拳头，开始使劲捏，让手指头插进手掌直到你能真切地感受这股力量，用一种有力且克制的方式喊出“是的”，将声音和力量的大部分引导至内部，直至连接着你的心脏、灵魂、肝脏、肾脏以及胃部的腹腔神经丛。这就是它，你已经给自己设定了一个相当有力的锚，下次你开始销售的时候就可以用上它了。

下面就是它的样子，分解为几个步骤：

步骤 1：选择一个状态

像以前一样，选择一个绝对确定的状态。

步骤 2：设定你的锚

等待一个特殊的时刻，然后拿出你的 BoomBoom，拧开盖子，按照上面的步骤——放到鼻孔前深深地吸一口，接着双手攥成拳头，用力攥紧直至手指插进手掌，用一种有力且克制的方式大声喊出“是的”。

然后，10 秒钟后，BoomBoom 的气味还在但最初的冲动已经消失，你可以再次重复上述过程。

你在一种绝对确定的状态下锚定了。

为了保险起见，在下次达成同样令人兴奋的交易时，你可以再次重复这个过程，在第一个锚的上面堆上第二个锚。它当然不会受损，当积累起来时，锚会变得更强大，但是，不管怎样，即使你是第一次设定一个锚，它也应该是非常有力量的，能在你将要开始一次销售时给予你神奇的力量。在下一个月里或更久的时间，当你完成那些很棒的交易、达到绝对确定的状态时，拿出其中一个 BoomBoom，一个锚接着一个锚不停地堆积，直到连接如此紧密的它们能够伴随你一辈子。

简而言之，这就是嗅觉锚定。

我已经在无数人的身上见证了它的魔力，那些人被深深地影响了。虽然状态管理不管在销售还是生意场合对我来说都易如反掌，但是我是那个规则的例外。像我这样的人对面有上百万个反面例子，由于缺少在销售场合展示最好的自己的能力，这些人中的绝大部分被成功拒之门外。

为此，我必须告诉你，能够给这些人一根有着令人不舒服的刺鼻味道的“黑管”救生索是多么的令人满足。你要做的就是将其放到左右鼻孔前快速地闻一闻，这样，管理你的状态就会变得像滴几滴眼药水就能使眼睛舒适一样简单。

实际上，在直线系统令人敬畏的力量和嗅觉锚定给你的使你能处于一种深入利用这种力量的状态之间，你已经准备好去完成任何你下决心去完成的事情。

所以，现在让我们回到直线系统的真实技巧上，从我们之前离开的地方开始，深入挖掘 10 种有影响力的核心语调以及肢体语言规则。

第 7 章

进阶的语调

让我们从第 4 章结束的地方开始，逐一详细地讨论给人们带来影响的 10 种语调。

然而，在开始之前，就以这 10 种语调为基石的强有力的无意识沟通策略而言，我首先要给你一个道德方面的警告。

当我说“强有力”时，意思是一旦你能熟练使用这个策略，你就能真正地引导人们去购买他们本不应该买的东西，去做他们本不应该做的事情，而他们甚至都不会意识到他们身上正发生巨大的变化。

很显然，这种策略被不择手段的销售人员滥用的风险是存在的，所以我想确保每一个读者都非常清楚我一丁点儿也不能容忍那样的行为，我会非常感激你大声念出下述道德警告：

> 我永远不会利用我将要学到的策略控制我的潜在客户去做违背他们自身意愿的事情。如果我那样做了，那么我就要经历 10 年的痛苦和煎熬，像乔丹经受过的那样。

记住，保持善良和正直是每个人给予自己的礼物。无论是夜夜安眠，还是成为孩子的榜样，抑或是享受做人的乐趣、赢得能带来更大成功的声誉，我能用我自身的经验告诉你们这世上没有比不走捷径取得财富和成功更令人兴奋的事情了。

既然说到这了，那就让我们接着深入讨论。

我在这里谈论的是一个相当有力量的策略，这个策略可以用 10 种有影响力的核心语调来提升你对外沟通的能力，在某种程度上，它是如此复杂，以至于你潜在客户的有意识思维很难理解因频繁的语调转换而产生的附加语言。

事实上，几秒后，客户大脑所有处理能力都已经集中用于这一项特殊的任务了：试图理解它正在听的所有语言，此时你就已经控制了潜在客户的内心独白，因此它会助你一臂之力，而不是对你产生阻碍。

你是不是有点儿迷糊了，如果是的话，没关系，你并不是唯一一个被弄糊涂的人。

你看，这个策略非常容易学会，但是弄明白也有点儿难。所以让我一步一步分解给你看——先快速复习一下前面章节里我妈妈叫我名字时的语调运用策略。

如果她用一种严厉、严肃的口气叫“乔丹”，那么我听到的话外之音就是：“马上给我滚过来！看看你做了什么！”反之，如果她用一种愉快的口吻叫“乔——丹”，那么我听到的话外之音就是：“你在哪，亲爱的？快来，不管在哪儿，快来！”

这个简单的例子可以用来说明每一种语调如何创造那些我们没有说出来，听者却通过有意识思维听到的话，以及话外之音是如何被赋予恰当意义的。

因此，当在有影响力的情况下，你对一个潜在客户说话时，他们的大脑其实是同时在接收两套截然不同的语言：第一，他们在听你说的话，从个人角度和大的背景环境两方面分析每一种情况的利弊；第二，他们在听自己的内心独白，基于他们赋予的意义，对你最后说的话进行利弊权衡。

假如你给一位名叫约翰·史密斯的潜在客户打电话，他接了电话，向你问好，你回答："你好，我的名字叫比尔·彼得森，来自 Acme 旅游公司，我找约翰·史密斯，他在家吗？"

除非约翰·史密斯在过去的 30 年不问世事，否则他会强烈怀疑比尔·彼得森是一个推销员。确切地说，尽管不清楚对方卖什么产品，从哪拿到自己的联系方式，但是这改变不了这个人是一个完完全全的陌生人，不是约翰认识的某个人这一事实。

毕竟，一个朋友，或者一个普通的熟人，是不会用这么正式的方式给他打电话的，而且熟人可能已经通过电话识别出他的声音了。当把这一情况和"每一次电话铃响，都会是一个电话推销员打来"的事实联系起来时，约翰在销售的前 5 秒内就知道了会发生什么。

那么他是如何回应的呢？

在大多数情况下，典型的“约翰·史密斯”会挂上电话，对他没有冒犯任何他认识的人而高兴。

然而，假设这个特殊的“约翰·史密斯”是一个非常有礼貌的人，对挂断别人的电话感到不舒服，即使那个人是一个固执己见的销售人员，并且还胆大妄为到给他家里打电话。

那么情况会是，没有挂断电话，史密斯先生用有一点点生气的口吻说：“我是史密斯先生，有什么可以帮到您？”然而，他内心却用完全被惹恼的语气对自己说“该死的，又是一个销售人员给我电话，打断了我的晚餐！我得想个办法来终止这一切，这样我就会出现在他们的‘不要再联系’清单上”。

很显然，这种内心独白不会给销售人员任何达成交易的机会。实际上，现实情况是销售在没开始之前就已经结束了。然而，由于比尔·彼得森听到的是史密斯先生的对外回答，即“有什么可以帮到您？”因此他还斗志昂扬，继续推进销售。

“晚上好。”他说道，“我打电话是想告诉你一个非常好的机会……”当销售人员继续解释这个非常了不起的机会时，史密斯先生的回答已经有对抗性了。

“了不起个屁！”史密斯先生在心里对自己说道，“这个家伙满嘴跑火车！如果他现在站在我面前，我向天发誓一定要扭断他的脖子！”突然，史密斯先生重新意识到自己正在打电话。

“……很简单，史密斯先生，我仅仅需要问你几个问题，不会占用您太多时间，听起来不错吧？”

“抱歉，你电话来的不是时候。”史密斯先生快速回答，“我要挂了。”

“没问题。”比尔·彼得森说道，“打个赌……”

“砰”的一声，电话被挂断了。

就这样，销售在它开始之前就结束了，如果数百万个比尔·彼得森能意识到在他们潜在客户的心里发生了什么，并且用一个简单却十分有效的策略来处理它，那么他们的销售结果可能会截然不同。

10 种有影响力的语调

在我教你这个策略的特征之前，有一个重要的特点需要事先说明。它与天生的销售员如何下意识地在谈话中运用合适的语调有关。

如果你天生是一个销售员，那么你不需要有意识地决定运用哪种语调来控制你潜在客户的内心独白，从而使它不会对你的销售过程产生不利。你的无意识思维会自动为你提供这类服务，并且每次都做得很好。

就像有魔力一样，在销售中的任何时刻，你的天赋使你听起来绝对肯定、完全真诚，或充满关切和同情心，或非常合理，又或者是 10 种核心语调中任何一种能对人们施加影响力的印象，这些语调会在你脑中自动浮现，你甚至不用去想这些。事情就这样发生了。

反过来说，你不是一个天生的销售者（99% 的人不是这一类型），那么你内心的交流就会停滞。你的有意识思维和无意识思维无法以一种能使它们两者畅通无阻地交流信息的方式成功联系起来。

结果，你的外部交流与你最初的设想大相径庭——缺乏你认为可以通过语调和肢体语言的运用而表达出来的丰富感和活力。

实际上，问题在于，你认为自己已经运用了的语调不知怎么的在从你嘴里出来的路上被阻拦了，而你要说的话却未受任何阻碍喷涌而出。

换句话说，语调没有发挥作用，或者更为常见的是，你外部交流中的那些语调不是你有意识地选择的；更确切地说，是一个平均水平以下的内部交流平台使你变得五音不全，你是一个受害者。

在你的语言脱口而出并且进入你耳朵的那一刻，你被你的无意识思维玩弄了，它让你觉得你听起来很完美，让你觉得你听起来就像你原本计划的样子。

然而，在现实中，像坚定、自信、充满激情、清晰以及其他描述一个讲得好的故事或者解释得好的概念的主观感受类的特性，在翻译的过程中消失了——它们是遭受先天和后天这套组合拳连环打击的受害者，这一套组合拳也把你送进了内部交流平台中的死胡同，而那一交流平台在通过允许你的语言自由流动削弱你要传达的信息的同时，阻碍你已经运用的语调。

当你在传统的意义上运用语调，而不是控制潜在客户的内心独白时，你可以回到“三个10”的情感组成部分画一条直线来看看会出现什么惨状。你会发现，没有恰当的语调，你从情感上感动客户的能力是非常有限的，相应的，你达成交易的能力也是非常有限的。

记住，要使你的话从逻辑上打动客户，让你的语调从感情上打动客户。除那些之外，我们也可以在更高的水平上运用语调来控制潜在客户的内心独白，防止它们对我们不利。实际上，是时候具体说明了。

让我们回到有礼貌的史密斯先生和来自旅游公司的电话销售人员比尔·彼得森的例子。不同的是，这一次，比尔·彼得森将掌握直线系统的技巧和策略——从最简单的规则开始，那就是一个销售人员永远不要用非常正式的方式与潜在客户交谈，相反，销售人员应该像对待朋友那样对待潜在客户。

“你好，我的名字是比尔·彼得森，来自Acme旅游公司，我找约翰·史密斯先生，请问他在家吗？”这样的开场白简直是自寻死路，销售人员应该以一种轻松愉快的语调说：“你好，约翰在吗？”

当我说到“非常欢快的语调”时，我是指10种核心语调中一种被称为“我在乎”或者“我真的非常想知道”的语调。通过运用这种愉快、热情的语调，当几乎所有其他销售人员都用敷衍的方式说着同样的话时，我不但立刻能从人群中脱颖而出，还开始了控制潜在客户内心独白的过程。

基本上，你要做的就是全面投入，并且向你的客户表现出你对与他交谈有着极大的兴趣。在另外一些情境，像当你说“你过得怎么样”时，你离与别人建立快速的友好关系和把你自己变成一个看上去真正关心和想知道他们过得怎样的人还有很长一段距离。

这种语调创造了一种无意识的、精神上的联系，因为我们自然而然会对那些向我们表达真诚的关心的人感觉更亲近。

现在，在这个特殊的场景，史密斯先生在“你好，约翰在吗？”背后听到的是：“我真的想知道！我不像其他问你同样问题的销售人员那样仅仅是以此开场。我是真的想和你谈谈！”

现在，要清楚，在听起来不真诚之前，你可以在语言上投入多少精力和积极性是有一个最佳点（甜蜜点）的。换句话说，你不能像个傻瓜一样拖长音。你可以提高语调来把观点表达清楚，但是不能夸张到让自己听起来很滑稽。

记住，语调是一种施加影响力的不可言说的秘密武器。你的潜在客户听到了你没有直接说出来的话，并且几乎没意识到自己已经受到了影响。

那么史密斯先生是怎么回应的呢？

他已经从比尔·彼得森令人陶醉的问候和努力表达观点中听到了话外之音，于是他回答："是的，我是约翰。"接着，比尔·彼得森立刻发出了他第二种具有关键影响力的语调，叫作"用提问来措辞"，具体如下：

"你好，我是比尔·彼得森，从加利福尼亚州贝弗利山庄的Acme旅游公司打来电话。您今天过得怎么样？"

现在，注意下面这三句话，想想哪一句是陈述句：

（1）你好，我是比尔·彼得森。

（2）从Acme旅游公司打来电话。

（3）在加利福尼亚州贝弗利山庄。

显然，这三句话都是陈述句而不是疑问句。然而，通过用提问题的方式说出来，你就实际已经同时利用了三种独立的人类欲望的力量。

（1）不要让人觉得你是局外人。

（2）让人们觉得你和他曾经见过面。

（3）表现得很友善。

现在注意观察当比尔·彼得森把这些陈述句换成疑问句时会发生什么：

“您好，我是比尔·彼得森，记得我吗？从加利福尼亚州贝弗利山庄的 Acme 旅游公司打来电话，您有印象吗？您今天过得怎么样？”

通过把这三个陈述句变成疑问句，史密斯先生听到的话外之音是：对吧？对吧？你之前接过我的电话，对吧？”

有另一个来自我本人真实生活的例子。

我女儿小的时候就是一个出色的销售人员。她常常说：“爸爸，我们要去玩具店，对吗？你说过的，不是吗？”只要你听过小孩子那样说，你就会知道他们天生就会运用这种语调。当我女儿那样做的时候，我很自然地会在脑海中寻找记忆，想要弄清楚我是否说过，但是她已经把对话向前推进了一步，在我能够阻止她并且好好思考一下的时候她已经打开门准备去玩具店了。她的策略是在我意识到发生了什么之前运用这种语调，并直接把我推进车里，让我前往玩具店，并说服我买她想要的玩具。

这是一种你应当谨慎使用的语调，但是它在赢得潜在客户的同意方面令人难以置信的有效。你要么把陈述句变成疑问句，要么，在某些情况下，不断提高音调地说出那些同样的话，而你的潜在客户则会听到：“是吧？是吧？是吧？”

当比尔把对方的名字用疑问的语调说出时，史密斯先生的内心独白则是：“等等！我是不是应该知道这个人是谁？我最好听起来认识他！”

在你将常规的一个陈述句表述成疑问句的那一刻，潜在客户的大脑便进入了搜索模式，他们试图弄明白自己是否认识这个给自己打电话的人。再者，由于有意识思维有限的处理能力，只要潜在客户处于搜索模式，他们的内心活动就不会对你不利。

要清楚，尽管这一概念如此有力，你也不应该欺骗自己：认为仅仅把陈述句换成疑问句，潜在客户就会从你这买东西。想要达成交易，光靠语调是不够的。更重要的是，它通过防止客户的内心活动对你不利为你留住了客户，因此，也为进一步影响客户提供了可能性，而这种可能性的实现取决于你下一句话。

实际上，在销售的这个节点上，我想要你逐字逐句地好好思考一下。

我想要你确保，为了你想要得到的结果，你说出的每一个字都是精挑细选的（这一点在下一章会做更详细的叙述），你使用的语调能够让你把控潜在客户的内心活动，从而控制整个销售过程。

在这一节点，你接下来要说的话——用直线系统的话术来说，也就是你接下来的语言模式，应当解释你今天给潜在客户打电话的确切原因。

换句话说，你不是心血来潮才联系这个潜在客户。你昨天没有打电话，明天不会打电话，下个星期也不会打电话，你选的就是此时此刻打电话，这背后应该有一个明确的原因。

我们将这个原因称为“正当理由”，因为它解释了你联系客户的理由。我将会在第10章对这一点进行详细说明（对“预期”进行详细叙述），但是现在你要明白的是，如果你能恰当地运用“正当理由”，它将极大地提高你提的任何要求的成功率。在这种情况下，比尔·彼得森提出让史密斯先生允许他问一些问题，从而使他可以开始收集信息。现在，让我们专注于“正当理由”本身和比尔将会运用的语调，也就是神秘和激起好奇心的语调。

比尔说：“约翰，我今天打电话的原因是我们正在你所在的区域挑选一些住户，给他们提供……”然后他将继续解释提供的是什么。可能是一款特价产品，史密斯先生可以获得一张免费机票或者在某个酒店免费住一晚；也可能是加入某一假日或旅游俱乐部的机会，或者任何对史密斯先生有益的东西。

营造神秘感和用这种语调吸引人的方式是通过把声音降低到仅仅比耳语声大一点儿，并在“reason”的“r”上停顿一下。

另外，由于你把声音降低到仅仅比耳语声大一点儿并且充满神秘感，紧急和稀缺的氛围被营造了出来，这把我们带到第四个具有核心影响力的语调，那就是：稀缺性。

在销售上，我们用“稀缺”一词来描述客户越来越想要自己认为会变得越来越少的东西的自然倾向。换句话说，当一个人发现他想要的某些东西供应不足时，或者说变得稀缺时，他们就会更想要这些东西。

归纳起来，实际上有三种类型的稀缺性。

第一种类型是语言上的稀缺性。

语言上的稀缺性严格来说是运用语言制造出来的稀缺状态。现在让我们换一个例子（该与史密斯先生和比尔·彼得森说声再见了），假设你是宝马的一个销售人员，一个潜在客户走进你的经销店，希望买一辆内衬是黑色的黑色 750iL 型轿车。假设你想对客户要的这款车型和颜色制造语言上的稀缺性。你可以这样说："目前我们店里只有一辆全黑的 750iL 型轿车，下一批货要过三个月才能到。"相当直接，对吧。

实际上，通过对客户解释他想要的车即将断货，这个销售人员提高了客户"现在就买车以避免错失现货"的可能性。

在销售当中，我们称这个过程为"制造紧迫感"，这也是说服你客户现在就买而不是以后再买的策略中的一部分。所以，在要求客户签订单之前你应该努力制造一定程度的紧迫感，因为它会极大地提高客户同意签订单的可能性。

如果销售人员想进一步提高这种可能性，那么他们可以在销售过程中运用第二种稀缺性。

我们将第二种稀缺性称作语调上的稀缺性。

具体来说，语调上的稀缺性是当你把声音降低到耳语声大小的时候，加一点儿活力。把充满活力的那种语调运用到一个词或者一个短语上，激发听众无意识思维里的稀缺感，然后他们的无意识思维会用一种本能的直觉把信号传递给有意识思维。换句话说，运用语调创造的稀缺感比语言的稀缺感更深入一层：语调可以把潜在客户内心深处的稀缺感强化到一个语言无法达到的程度。

现在看看第三种类型的稀缺性，这种稀缺性通常被称为信息上的稀缺性，意思是信息本身是短缺的。换句话说，不仅仅是黑色的 750iL 型轿车短缺，更重要的是其他人还没意识到这个情况。

其实，信息上的稀缺性强化了耳语的作用，把你悄声说过的话变成了潜在客户认为能用以获得个人优势的秘密。

下面是将这些策略结合起来的示范。

第一，语言上的稀缺性被用来传递合乎逻辑的事实："我们只剩下一辆黑色 750iL 型轿车了，下一批要三个月以后才能到货。"

第二，通过耳语增强语调上的稀缺性，这将大大强化潜在客户的稀缺感。

第三，通过解释这一信息本身也是稀缺的，创造了信息上的稀缺性。

为了接下来的三种语调，让我们跳到你的销售演示主体部分的最后面，恰好就在你第一次请求签订单的时候。

在这种情况下，当我们请求客户签订单时，要在这三种语调中不断转换——以一种绝对确定的语调开始，接着切换到十分真诚的语调，再接着切换到一个“讲道理的人”的语调。

让我先来单独解释一下每一种语调。

（1）绝对确定：在第四章已经详细讲述过了，快速回忆一下。大体上，伴随着绝对确定的语调，你的声音呈现出更坚定、更确定的调子，一股力量好像从腹腔神经丛迸发出来，这些让你看起来对自己正在述说的任何事情都绝对确信。

（2）十分真诚：这是一种冷静、平和、自信和悠然自得的语调，暗示着你正在对潜在客户说的话是发自内心的，并且你对他们绝对真诚。这一平和的语调让你听上去十分谦虚和无威胁，甚至还有些歉意，但是，当然，实际上你并没有道歉。实际上，你正在告诉别人的是关乎其切身利益的事情，所以，如果他们不相信你说的话并接受你的建议，他们就是十足的傻瓜。

（3）“讲道理的人”：这是我最喜欢的语调之一，它被用于销售当中的某些重要场合。在这个特别的案例中，我们聚焦于它在达成交易时是如何被运用的，然而，我想要你明白的是我们也会在销售刚开始时使用它，即你请求客户同意你对任何提供给他们的产品或想法的好处进行解释时。换句话说，你向客户推销想法的开场白会是：“如果你有 60 秒钟，我想与你分享一个想法。可以吗？”

在句子结尾处提高音量说出“有空吗”这三个字是你运用“讲道理的人”的语调时能使你听起来合情合理的法宝。

一般情况下，当你运用“讲道理的人”的语调时，潜在客户听到的话外音是：“我是合理的，你也是合理的，这是一个非常合理的要求！”由于遵守“己所不欲，勿施于人”的黄金守则是人的天性，你的潜在客户会认为友好地回馈你的合理要求是天经地义的，于是他们很有可能同意你的请求。

现在，当要结束时，有一个关于我们如何把这三种语调糅到一个语调模式的示范。

首先，对于一个将要达成的交易来说，典型的语言模式是：“如果你给我一个机会，比尔，相信我，你一定会印象深刻。听起来很不错吧？”

现在，让我给你展示一下我们是如何把上述三种语调变成一个有力的语调模式的。

首先，我们从绝对确定的语调开始，这适用于“给我一个机会，比尔，相信我”这样的话。

接下来，我们把绝对确定的语调平缓地切换到十分真诚的语调，这适用于“你将会印象深刻”这样的话。

最后，我们把十分真诚的语调切换到“讲道理的人”的语调，这适用于“听起来很不错吧”这样的话，这也会让对方觉得你是一个讲道理的人，正在提出合理的请求。

记住，你不应该用一种愤怒的、有攻击性的语气说“听起来很不错吧”，也不应用鼻音说“听起来很不错吧”，或者用那种高亢的语调说“听起来很不错吧”。你需要向对方传递的信息是你是合情合理的、整件事是合情合理的，以及下订单没什么大不了。这才是你想要达成交易应该采取的正确方式，而不是用意味着压力的绝对确定的语气。

现在，假设你刚做了一个很不错的销售演示，你正准备第一次向客户请求下订单，但是，不知道出于什么原因，你的潜在客户用一个常见的拒绝理由打击了你：他们仍然要考虑一下。

不管他们用什么拒绝理由打击你，你要问他们的第一个问题是："这个想法对你有意义吗？你喜欢这个想法吗？"

这是一种语言模式的开头部分，这种语言模式能使你转换至最初的循环模式，我们将在后面对此进行阐述，进入这种模式之后，你就可以开始提高他们对"三个10"的确定性水平。

所以让我们假设你的潜在客户对你的订单请求回应道："听起来很棒。让我考虑一下。"

你的回答应当是："我明白您的意思，但是请允许我问您一个问题。这个想法对您有意义吗？您喜欢这个想法吗？"

这里的关键是你运用的语调，你要以"我明白您的意思"开始，以"您喜欢这个想法吗"收尾，你要让自己的语调听上去是假设性的，并且无关金钱。在这种情况下，你的潜在客户听到的话外音是："如果撇开钱不谈，这个想法对你有意义吗？你喜欢这个想法吗？"

基本上，你已经使整件事成了一次理论的实践应用，并将完全消除潜在客户们的疑虑：他们将允许你通过循环的过程，继续提高他们对“三个 10”的确定性水平。

接下来，我们要讲“明显暗示”的语调。

基本上，这是未来景愿的高级形式，因为你正在潜在客户的脑海里建立一种印象，即你正在销售的东西能极大地提升他的生活质量。如果你处于金融行业，打个比方，你可能会说：“约翰，你可以用这些来赚钱，但是更重要的是，长期来看，我能为你做的是……”

换句话说，你正在使用该语调来暗示一个理念，那就是很明显你的产品和服务是市场上的佼佼者。

这就将我们带到了最后一个有影响力的核心语调：“我能感觉到你的痛苦”。有时，我也称之为比尔·克林顿的语调，因为这位美国前总统完全地掌握了这种语调。

基本上，这是你问客户那些旨在唤起其原发性和继发性痛苦的问题时需要用到的语调，记住，如有必要，放大这些痛苦。

不难想象，当用一种具有攻击性或者漠不关心的语调时，你会立刻打破和潜在客户的友好关系，并且极有可能导致他们最后对你产生厌恶之情。然而，如果你用“我在乎”的语调，他们将会和你进入一种更友好的状态，因为他们会因你理解他们并且真的在乎他们而从内心深处得到力量。

这一语调的关键就是你要表达你的共鸣和同情，你要表明你真正感受到了他们的痛苦，并强烈希望帮助他们消除痛苦，而不仅仅是完成任务。

说完这些，让我们开始研究肢体语言。

第 8 章

进阶版的肢体语言

你有没有遇到过令人十分讨厌的人？只要他们一出现，你就感觉特别不舒服、十分烦躁，如果你还在读小学，你甚至会要求你的同桌给你一个“虱子预防针”。

我要解释一下，“虱子预防针”是朋友间的一种虚拟注射剂，用以确保你不会沾上其他孩子身上的“虱子”。常见的“虱子”症状有穿肥大的裤子、挖鼻孔、对化石狂热、最后一个被选进运动队、说话时胳膊胡乱挥舞、在50码[①]开外就宣示自身存在。（多提一句，强烈建议那些没有经历过“虱子”折磨的人对那些经历过的人给予足够的关爱，因为99%的可能性是长大后你将为其中的一位工作。）

不管怎样，我敢肯定，在生活中的某些时候，你会遇到一些引发你内心深处消极回应的人。我想要你现在回到你第一眼看到他后内心扭曲的感觉侵袭你的时候。你一定会发现，不是

① 1码≈0.914米。——编者注

那个人的语言或语调使你烦躁不安，而是他们的肢体语言使你烦躁不安。他们看起来的样子、举手投足的方式、移动身体的方式、和你握手的方式、缺乏眼神交流、靠你太近，所有这些都会拉响你内心的警报。

结论就是非语言交流比语言交流强大 10 倍以上，它能用直击心灵的力量打动你。思想、感情、意愿都通过你的肢体语言进行传递：通过你对空间、时间、姿势、外貌、手势、面部表情和眼神交流的方式的把控，甚至是你对散发气味的方式的把控。

当你面对面与某人说话时，对方第一眼看到你后，所有这些都在一瞬间发生了。我不是说肢体语言如此有效以至于能使你轻易达成交易。我想说的是，无效的肢体语言将会使你的交易告吹。它将阻碍你与别人建立友好的关系：他们对看到的东西有所排斥。

当一个人第一次看到你的时候，在那 1/24 秒内，他们的判断指标上下起伏，他们通过观察你脸上的表情和身体行为来进行判断。基本上，他们将你一层一层解剖，在脑中进行分析，然后重新构建你的形象，此时已经对你做出了判断。

不管你是被一个犀利、敏锐、想和你做生意的人评判，还是被一个不想和你做生意的人评判。这些都是建立一段牢固的友好关系所必须经历的。

用一个故事来描述令人厌恶的消极肢体语言。事情发生在我在澳大利亚悉尼（我最喜欢的城市之一）的一场研讨会上。当时，我刚刚详细讲述了肢体语言部分，对眼神交流、如何和他人握手、与他人站立的距离等重要部分进行了深入挖掘。

我在最后一个问题站立距离上花了15分钟，把人们请到了舞台上，让他们亲身体验一下当别人侵犯自己的空间时感觉有多糟糕。由此，所有人都领会了，所有人都感受到了。

我休息了一会儿，当我离开舞台的时候，一个怪异的澳大利亚人径直走向我，带着浓重的口音说："你，伙计，伙计，伙计！"他直冲我的脸，我在想："天啊。"那个家伙继续侵犯我的领地，一直在说："我明白了，我明白，伙计，伙计，伙计。"当我无视他，挡住脸以躲避像雨水一样倾泻而下的口水时，那个家伙试图解释他称为"移动厕所"的革命性发明。

"移动厕所"适用于5岁小孩，在那个当下，他想展示一下如何使用这个小小的用木头做的东西。长话短说，最后他不仅把我拦住，还把我的澳大利亚经理、研讨会的发起人，以及其他所有能听到声音的人都拦住了。他跑到了所有人面前，直冲对方的脸。每个人脸上都带着同样的表情离开了，仿佛在说："我不了解他的产品，但是我永远不会和这个家伙做生意。"

结论就是：肢体语言可能不会让你做成生意，但是错误的肢体语言会毁掉你做成生意的机会。

一个人在内心对另一人的评价会从一个基本的观察开始：你的外貌。基于此，他们会快速地对你做出判断。他们将会讨论你的头发是否修剪整齐，穿戴是否整齐，戴了多少珠宝。就像通过一本书的封面来判断一本书的优劣一样。一个人如何穿着、他们的头发多长、他们如何打扮自己、他们如何握手，都对他如何被认知起着非常重要的作用，同样，我们也是这样认知别人的。

比如，当遇到一个穿西装打领带的人，我们会立刻认为这是一个习惯于把自己收拾得干干净净的人，因此很有可能是一个成功的人，去搭讪吧。同样的道理也适用于女人，尽管在这个案例中我们谈论的是有权力象征意味的西装。一身套装或者一条裙子也可以，但是裙子的长度最好不要在膝盖以上，同时她不应该化太浓的妆、佩戴过多珠宝或者喷太多香水。太多这样的东西会降低一个女人的可信度。

记住，炫耀外貌仅仅适用于服装广告或者商业活动中，而不是在工作场合。如果一个男人或者女人想要被认真对待，他们不能穿得像要去夜店或者刚从健身房回来一样。那会发出错误的信息，并降低他们的可信度。但是就像俗话说的，人靠衣装，这不仅仅适用于衣服和香水。它适用于任何事情。

让我们从男人的面部发须开始。

任何没有认真修理过的胡须，你都应该剃掉它。它们散发出你不值得被信任的气息。它也意味着缺乏自尊心和不注意细节。当然，也有一些例外，比如你是以销售哈雷摩托车为生，或者你正在中东这种有留胡须传统的地方工作。但是，一般来讲，不整洁的面部发须对一名销售人员并无益处。

对女人来说，不整洁的发须则是指某些极端发型。那完全是多余的。会使你想知道“这个人究竟怎么了”，过多的首饰也是同样的道理。那是主要的消极因素，对男人和女人都一样，尽管出于完全不同的原因。

你知道男人戴什么最容易给人留下不可信任的印象吗?

一枚尾戒，特别是镶有一颗大大的钻石的那种。当触发不信任感时，没有比一枚钻石尾戒更糟糕的东西了。它散发出你是一个狡猾的人的独特气味——一个追逐名利、诡计多端的穿着昂贵西装、戴着奢华钻戒的人。

但是，在某些特定场合，一枚尾戒却是得体的，比如如果你是某个俱乐部的主人，或者如果你是一家珠宝店的销售人员。这叫作一致性规律，同样也适用于我的哈雷摩托的例子。换句话说，最好的穿着方式是使风格与你的职业要求保持一致。

打个比方，当一个水管工出现在你家门口的时候就不应该穿着西装、打着领带。否则不仅看起来很荒谬，你还会认为他将收取额外的费用，因为他需要你付西装的钱。

反之，如果这个水管工像个懒汉一样出现在你门口，那么你就会担心他的工作会像他本人一样草率懒散。没有人希望自己的水管被草率地修一修。基于一致性规律，他应该穿一件利落干净且正面印着公司图标的工作服，他的名字应该被缝在衬衫上，他的手里应当拿着附有一张等着被填满的空评估表的剪贴板。

一个男性保险代理人应该穿西装、打领带。喷一点儿古龙水。如果喷太多，则会被认为是一个狡猾的人。一个女性保险代理人应该穿着正式套装，化点儿淡妆，戴点儿首饰，以表示她为自己的外貌感到骄傲但不会被它所限制。她还应该提着皮革材质的手提包，但不是爱马仕或者鳄鱼皮做的。如果她喜欢香水，那么就喷上一点儿。

一旦你理解了背后的道理，这其实就很容易做到了。回想一下这些年所有你碰到过的违反了这一规律的销售人员——股票经纪人、保险经纪人、房地产经纪人、汽车销售人员……他们居然忽视了这些本不应该出现的错误，难道你不惊讶？

有趣的是，在当时，你弄不明白为什么你就是不信任这些人，或者为什么你就是感觉不到他们把你的利益放在心上。但是现在你知道了，回想起来就似乎相当明显了。像这样的一些工具能帮助你快速建立无意识的友好关系。

但是让我们不要跳到前面去。现在，记住与别人建立友好关系主要是通过语调和肢体语言，而不是语言。至于肢体语言，我已经说过“人靠衣装”，但是还有更多规则。比如，男人和女人对某些类型的肢体语言会有完全不同的回应，当然，规则也会随之改变。

让我们从空间意识开始。如果你正在向另一个男人推销产品，那么你最好做所谓的“转弯”，即站在那个男人的某一个角度，而不是直接站在他前面。当一个男人径直面对另一个男人的时候，一种冲突感和对抗意识油然而生，那会立刻将他们从友好氛围中拽出来。所以，为了避免这种情况发生，你要与另一个男人保持一定的角度，这就意味着你要变换身体的姿势以使他解除戒备。

如果你是一个男人，偶尔自己试一下。你将会被震惊，这比与另一个男人面对面站立感觉自然多了。当你与对方保持角度的时候就像把气球中的气体放了出去，你会立马感觉压力得到了释放。

至于与女人交流，则是正相反的。如果你是一个试图影响一个女人的男人，那么你应当直接站在她的前面，把你的手放在她腰的高度，一个她能看到的地方。

相反，如果你是一个试图影响另一个女性的女性，那么毫无疑问，你要保持距离，就像一个男性面对另一个男性的时候；然而，如果你试图影响一个男性，那么毫无疑问，你要直接站在他面前。不管哪种方式，你都不想成为那些占据别人空间的人。（他们也往往唾沫横飞。）在西方国家，合适的空间距离是 2.5~3 英尺。当你站在潜在客户身边的时候至少要保持这一距离。否则，你将冒着被贴上“空间侵犯者”标签的风险。你会被反感空间侵犯的人用唾沫淹死。

然而，对于空间侵犯理论来说有一个特例，那就是亚洲。

在亚洲，人们倾向于站得更近一些。大约有 0.5 英尺的差异。

亚洲文化像其他所有独特的文化一样，有它自身的规则。比如，一般来说，亚洲人更关注肢体语言，尤其是在确立地位时。比如他们的弯腰鞠躬就很有讲究，谁的腰弯得更低，谁第一个起来，立刻就形成了一个群体的权力等级。对于亚洲文化来说，鞠躬是打招呼的重要部分，就和美国人的握手一样。请注意，你握手的方式也能传递出非常多的信息。它能使你快速与别人建立友好的关系，也能将那种可能性完全消除。

你是否曾经遇到过一把抓住你的手，并且把你当作布娃娃一样用劲握你手的人？当你挣脱开来、头皮发麻时你会想些什么呢？会不会有这样的潜台词："这人有什么毛病吧？"

当别人那样和你握手时，他们可能认为自己正在树立良好的第一印象，但事实上并不是。实际上，那样做只会让你好奇他们正在努力证明什么。他们是想建立超越我的权威吗？他们试图威胁我吗？相反类型的握手也同样令人不快，即所谓的死鱼式。这种情况下，他们的手无力地伸出，像煮久了的意大利面条一样挂着，悬在空中，就像他们一点儿也不在乎这件事一样。我们厌恶这种握手方式是因为那好像是场权力之争。就像一个人对你说："我才不管你如何看待我，我比你强，不屑于和你用正常的方式握手。"

与别人建立友好关系的最佳握手方式是合作式握手，这是最基本、最中性的握手方式，即正面接触对方的手。你既不高于也不低于对方，你们双方是平等的，你以对方给你的压力回应对方，这是被称为“匹配”的友好关系建立策略中的一部分，它能有效地帮助你进入潜在客户的世界。在这种情况下，“匹配”意味着如果一个人用力地与你握手，那么你也应该同样用力地握对方的手——与对方的力度相当。我指的是，你不应当与他人进入一种针锋相对的状态：他们用力握你的手，你更加用力地握他们的手，接着他们再用更大的力气握你的手，你再努力超过他们，如此循环往复。你不想这样吧？那好吧，大人物！让我来教你！你最好确保他们的力道比你大一点点，你则保持用友好坚毅的眼神交流，这样他们就会知道没有威胁到你。

说到眼神交流，有一个有趣的事实：在人们见面的过程中，如果不能保证 72% 的时间内有眼神交流，那么人们便不会信任彼此。有很多关于这方面的详细研究，72% 就是这一界限。你可以在网上查询。还有一点，如果眼神交流的时间过长，那么你将陷入凝视别人的风险。

这个神奇的数字是 72%。它足够表明你在乎对方，并且已全身心投入对话中去了，但它又不至于令对方感到有压力。基本上，这个数字还不至于让你看起来有所图谋。

关于肢体语言的另外一件事：注意你胳膊的位置。胳膊交叉的人传递出一种信息，即他们对新想法充耳不闻。胳膊的位置是肢体语言的最基本要素之一——分开的还是交叉的，一目了然。

但是，仅仅因为某人的胳膊交叉并不能断定他们一定对新想法充耳不闻。也许他们可能只是怕冷。当然，如果我有的选，我肯定希望潜在客户的胳膊是分开的而不是交叉的。所有事情都一样，胳膊分开通常意味着此人更易接受你的想法。但我绝对不会把它视作达成目标的标志。

当你关注肢体语言的时候，你将会发现一些有趣的事情。如果我胳膊交叉着坐在你面前，然后舒展开胳膊，你也很有可能会做同样的事情，甚至连你自己都没有意识到这一点。那不是某种恶作剧。那叫“呼应与引导”，是“匹配”策略的下一个步骤，使用“呼应和引导”时，你可以再加把劲，通过呼应他们，把他们引导至你想要他们前进的方向。当这些步骤完成后，你的策略就会变得十分有力，并通过语调和肢体语言发挥最大功效。

积极聆听和匹配的艺术

在更深入研究“呼应和引导”之前，让我们来讨论另一个重要的概念：积极聆听。这种听别人说话的方式能帮助你与他们建立友好关系。对语调和肢体语言的一个最大误解就是，只有你一个人说话的时候，语调和肢体语言才起作用。实际上，你如何活动你的身体、你做出的面部表情、你发出笑声的方式、当别人在对你说话的时候你发出的所有自言自语声和呻吟声——所有这些都是我称为“积极聆听”技巧的一部分，这是与他人建立友好关系的非常有效的方式。

让我们从讲话时点头这样简单的事情开始吧。当你点头的时候，传递出的信息是你明白对方正在说的话，你和对方处于同一频道上。面部表情也是同样的道理，比如，当你的潜在客户开始说起一些对他们非常重要的事情的时候，你要直视他们的眼睛，眼睛微闭，嘴巴歪到一边。然后，不时点点头，并伴随着一些“哦”“是的”和“我明白了”这类的话语！

如果在你向我解释你的问题时，我做出那些肢体语言，你会对我有何看法呢？你会认为我是真的在听你讲话吗？我真的在乎吗？

是的。

还有一些其他面部的肢体语言，比如抿嘴唇和把头压低一点，这些意味着悲伤，而抿嘴唇并且慢慢点头意味着同情。比尔·克林顿非常善于运用这种肢体语言。在他当政时期，他将其运用得炉火纯青。他每天至少要握一百次手，只有几秒钟来赢得别人的信任，并且每次都得这样做。似乎从他和你握手的那一刻起，你就掉进了他的磁场里，你感觉他真的在乎你，他能感觉你的痛苦。

至于那些听得见的提示，比如那些“哦”和“是的”，它们更适用于维持而非真正建立友好关系。它们能让潜在客户知道你仍然和他们在同一个频道上，你明白了他们正在说的事情。听得见的提示在你打电话而不能依靠肢体语言时更为重要。在那种情况下，这些微小的自言自语声和呻吟声是在你的潜在客户说话时与他们保持友好关系的唯一方式。

然而，当你进行面对面销售时，你也可以运用“匹配”策略——利用和你潜在客户一样的生理状态来稳固你们之间的友好关系。这样的例子有他们身体的姿势、他们的手势、他们的呼吸频率，甚至他们眨眼的频率也可以被匹配。

“匹配”对与某人建立友好关系来说是一个令人不可置信的强有力的工具，尤其当你与对方面对面接触、能同时匹配语调和肢体语言时。但是，如果你不仅仅关注某人的语调，还关注他们说话的速度和用词的类型，包括使用的俚语，那么它在电话交流方面也能非常有效。

在你认为我正在说一些让人毛骨悚然的模仿别人的话之前，让我们再次复习一下。你不是模仿别人，你是在“匹配”他们，这中间的区别非常大。模仿别人叫作照镜子，意味着当你的潜在客户在行动的时候，你要努力复制他们的物理行为。他们刮鼻子，你也刮鼻子，他们跷起二郎腿，仰靠在椅子里，你也跷着二郎腿，仰靠在你的椅子里。那会让人不寒而栗，很明显，我完全不会那样做。

但是我是“匹配”策略的超级粉丝，那意味着如果你的潜在客户仰靠在他们的椅子里，那么你也应当仰靠在你自己的椅子里，但是你要等个 5~10 秒再慢慢地、非常自然地靠下去。说到底，这一切和“相似性”有关，即人们倾向于和自己相似的人做生意，而不是不同的人。你走进潜在客户的世界，就开始了与其建立友好关系的过程。接下来，你想呼应他们，那就呼应他们，并且把他们引导至你想要他们去往的方向。用好了的话，这会是一个十分强大的工具。

记住，呼应、呼应、引导……接着还是呼应、呼应，再次引导！我说这些的意思是，潜在客户没有看到这一过程的到来。不要忘了呼应是你人生中需要做好的事情之一，如果不做好，它将不会起作用。但是当你真的正确地贯彻了这些，那么注意！它不仅会帮你与潜在客户建立非常牢固的友好关系，也会帮你把他的情绪状态从消极变成积极，并且提高他的确定性水平。

关于这一点，我想讲一个关于我儿子卡特的故事，有一晚，从足球训练结束后回到家的他对他们队里一个足球狂热爱好者非常生气。那天晚上，我的未婚妻说：“卡特非常非常沮丧。你为什么不下楼去看看是否能安慰一下他呢？”

我下楼后，没有表现得温柔和充满同情，看上去我没有在努力安慰他。我没有用温柔的语气说道：“听着，我知道你此刻非常沮丧，但是你不应该让别人使你变成这样，这对你没有任何好处。”

我为什么没这么说呢？因为这样说他会变本加厉。他会回应道："不要变得沮丧？你说不要变得沮丧是什么意思？那个小孩是一个十足的足球疯子！我讨厌他！所有人都讨厌他！他应该被赶出球队！"那么我会说："噢，噢，噢，冷静。这没什么大不了。放松一下。"那时他会变得更加失去理智。他会说："胡说！这非常重要！我冷静不下来。"

在他极度愤怒时，我以一种相对温和的姿态进入他的世界只会进一步激怒他。所以，相反，我跟上了他的节奏。我像他一样愤怒和生气地走进他的房间。实际上，我表现得更为愤怒。我用一种要爆炸的声音说："卡特，发生了什么事？我知道那个混球是一个足球疯子！我们现在必须做点什么！要不现在联系教练，请他把那个小孩踢出球队？"

接着他跟上了我的节奏，我知道他会的。他变得像我装出来的那样气愤，说道："是的，联系教练！把他踢出球队！那个小孩就是个祸害！"我接着说："是的，我们现在就动手，伙计？"就这样，我开始降低我的音量，开始采用一种更富有同情心的语调。然后我伤心地摇摇头说道："我不知道发生了什么。我很好奇是什么原因使他那样做。你认为他有一些心理方面的问题吗？"接着我的声音更加柔软一些，补充道："如果真是这样，那他太可怜了。"

当然，卡特也开始伤心地摇头。他用像我一样充满同情的语调说道："是的，确实如此，爸爸。我想我应该为他感到难过。也许他也非常不开心。"

就这样，卡特慢慢冷静下来了。

“匹配”策略可以使任何人冷静下来，或者使他们对某事感到兴奋、对某事感到确信。你要做的是进入他们所在的世界，接着呼应他们，呼应他们，最后引导他们朝你希望的方向前进。

呼应和引导并不是我的发明，它们自人类有交流以来就存在了。所有伟大的交流者都是这样做的。他们天生就会运用这种技巧，甚至都不需要思考。但令人欣慰的是，只要知道规则，任何人都能学会这些。

记住，这个系统的下一步，即不断地收集信息和建立友好关系，更多的是关于你的潜在客户会对你说什么，而不是你对潜在客户说什么。实际上，向你解释这一点的最好方式是利用一个非常简单却非常有力的练习。

所以，让我卖一支笔给你的时间到了。

第9章

预期管理的艺术

“把这支笔卖给我！”

第一次向一个狂妄的年轻销售人员提出这个要求时，我正坐在 Stratton 办公室里的椅子上，结果，我得到了一个特别能说明问题的回应。

“看到这支笔了吗？”这个狂妄的新雇员大声地说道，听起来就像他刚刚从一家二手车车行出来，“这是你们能买到的最神奇的笔。它能反过来写，墨水永远用不完，手感超级棒。”

“来，你试试，告诉我感觉有多棒。”说着，他向前倾斜了一下，把他的胳膊伸上我的桌子，把那支之前我为了测试而递给他的一次性钢笔给了我。

配合起见，我拿起笔在手里转动了几秒，并写了几个字。

“十分神奇，对吧？”他继续说道。

“感觉这就是一支普通钢笔。”我冷淡地回应道。

“那正是我要说的！”他大声说道，对我冷淡的回应不管不顾，“那就是一支超棒的笔应该有的感觉——就像这支笔已经跟了你很多年了。”

“不管怎样，显然你和这支笔是天造地设的一对，所以我决定在市场价的基础上给你打个 7 折，但是，”他伸出食指在空中停留了一会，“你必须现在就买才能享受折扣。否则，你只能以正常的价格购买。”

“不管怎样，都是很划算的交易，但是 7 折却是前所未有的折扣，你觉得怎么样？”

“我认为怎么样？”我回应道，“你的意思是除了你简直就是在胡说八道这个事实之外？”

没有回应。这个 Stratton 新秀沉默地坐在那儿，一脸恐慌。

“那不是夸张的问题，你想要我忽略你的满嘴胡言，是不是？”

他慢慢张开了嘴，但是一句话也说不出来。他只是张嘴坐在那儿。

“我会说是的。”我继续说道，决定让这个小孩摆脱困境，“所以，暂时把那些小细节放一边，我会说我现在完全无意购买这支钢笔。我不想要钢笔，也不需要钢笔，我从来没有用过钢笔。实际上，即便我决定出去买一支钢笔，也不会是这样一支差劲的钢笔。我极有可能选一支万宝龙牌的。”

“但是你怎么可能知道这些事情呢？”我继续道，专注于这一练习的主要点上，“实际上，你怎么可能知道有关我的任何事情呢？从你张开嘴的那一刻起，你所说的就是铺天盖地的廉价销售话术。”

“‘这支笔是这样的。’”我大声说道，模仿他二手车行销售人员的调子，“‘这支笔是那样的，这支笔能反过来写，它是你失散多年的兄弟’。这些都是废话。即使不说这听起来多么荒谬可笑，难道你就一丁点儿也没想过也许在你试图把一支笔强加给我之前可以问我一些问题？比如，我是否有意购买一支钢笔？我心里有预期的价格区间吗？我是否有偏好的钢笔类型？”

“我的意思是，稍微思考一下：你怎么可能在对我一无所知的情况下成功地把东西卖给我呢？这完全不合逻辑。”

这个 Stratton 新秀羞怯地点点头：“所以，我应该怎么说呢？”

“这得你来告诉我。”我反驳道。

就在这一刻，门开了，丹尼走进了办公室，穿着价值 2 000 美元的西装，带着一副冷嘲热讽的表情。“你结束了吗？”他问道。

“快要结束了。”我回答道，“我很高兴你突然进来了。你来得正是时候。我需要你帮我做点儿事。”

“什么事？”他耐心地问道。

“我想要你把这支笔卖给我！”我说道。我从办公桌上拿起另外一支笔，递给他。

丹尼白了我一眼：“你想要我把这支笔卖给你？你是认

真的？”

“是的。”我反击道。“给这个小孩看看你是如何做到的。快把这支笔卖给我。”

“好吧，我会把它卖给你。”他喃喃自语，抓起笔，仔细打量了一会儿。突然，他风格大变，冲我笑了笑，用充满敬意的语调说道：“所以，告诉我，乔丹，你想要买一支笔有多长时间了？”

“我不想要笔。”我回答道，“我根本不用钢笔。”

“真的吗？那好吧，那么可以把你这支讨厌的笔还给你了。”“砰”的一声，他把笔扔回了我的办公桌。

然后他看着那个小孩说道：“我不卖东西给那些根本不需要这个东西的人。我把那些活儿留给像你这样的新手。”

这则故事的寓意看似相当明显，其实肉眼看到的背后有更多故事。所以请允许我一件一件来，从最明显的事实开始：

首先，到目前为止，你必须十分清楚，试图把东西卖给那些根本不需要或者根本不想要的人是蠢货才会干的事，而且完全是浪费时间。

一个直线系统的销售人员，或者说，任何一个专业的销售人员，都绝不会那样鲁莽。相反，他们会尽可能快速且高效地转换目标客户，把真正感兴趣的人与不感兴趣的人区分开来。

在一般的销售语言中，这个转换过程通常被称为“筛选目标客户”，最基本的方法则是让客户回答一系列被销售人员有意暴露在客户面前的问题。

总之，这是一个老生常谈、最最基本的过程，十分有用且直击要害。如果通过回答你的问题，这个潜在客户被证明需要你销售的东西，并且负担得起，那么他们就是合格的客户。就是如此简单。

接着你应当运用直线系统，在这套系统中“合格”这个词代表耻辱。

我们把这个转换目标客户的过程叫作“直线预期”，我们转换的最主要方法则是收集信息。

现在，如果你能想起来，在第 2 章的结尾处我曾提到过这个话题，当时我向你描绘了我第一次发明直线系统那个晚上的精彩瞬间。

我解释过，当你收集信息的时候，你应当了解所有关于潜在客户的对你销售有益的事情，只要是与达成交易有关的，包括他们的需求、信念、价值观、价值观的排序（意思是每一种价值观的相对重要性）、他们关于同类产品的经历、与其他销售人员打交道的经历、个人的财务状况（能否负担得起你的产品），以及他们主要和次要的痛苦。

另外，我想在这里再次强调一遍那天晚上我强调过的，实际上，你收集信息的能力会直接影响到在最开始的 4 秒内你给潜在客户留下的第一印象。

换句话说，潜在客户会直率坦诚回答你问题的唯一原因是他们认为你是你所在领域的专家，是一个自信、口才好和有热情的绝对值得倾听的人，是一个能帮他们达成目标、消除痛苦的人。

如果你无法给客户留下那样的印象，那么你的潜在客户没有任何理由浪费时间向你敞开心扉，或者冒由此产生的尴尬和曝光隐私的风险。所以，正相反，他们只会给你敷衍的答案，更有可能的是，他们将会主导整个销售过程，那么对你来说，情况就很糟糕了。

我已经亲眼看见成千上万这样的事情发生了。

一个刚入行的销售人员会竭尽全力说服每个客户，但很多时候只会得到对方的反问。

反之，当你掌控整个局面时，客户会无比信任你。意识到你是所在领域的专家后，潜在客户不得不服从你，允许你提出你认为必要的诸多问题。

由你掌控销售过程非常重要，因为在这种情况下，你提问时不会被打断，提问进行的方式和顺序不仅能推动实现双方共赢的信息收集过程，而且能提升你建立友好关系的能力。

直线预期在语法上比其他步骤有更多可变的部分，教会你的最有效方式是从营销和销售的宏观关系开始。

先快速思考一下营销和销售的关系，比如它们是如何协同合作来将公司的产品和服务变现，以及直线预期是如何充当二者之间的桥梁的。

一般来说，营销在等式的一边，销售在等式的另一边。营销的目标有：

（1）对营销市场进行调研，识别某一特定产品的最优潜在购买者（简称潜在客户）。

（2）开发出能把公司信息传递给尽可能多的潜在客户的成本收益战略。

（3）将信息嵌入能推动尽可能多的潜在客户进入公司销售渠道的某种定价方式或口号。

（4）与销售部门协同合作，以确保与销售渠道无缝对接，把潜在客户变成真正的客户。

目前，市场上有两种类型的营销。

第一，线下营销，包括发生在互联网之外的所有营销——电视广播广告、报纸广告、杂志广告、展板广告、邮件广告、电话营销、网络营销、教育营销、上门营销等。第二，线上营销——谷歌广告、脸书广告、横幅广告、网页登录广告、植入广告、重新定向广告、邮件轰炸、附件广告、搜索引擎优化（SEO）活动，还有很多很多。

就像我之前说过的，不管一家公司决定使用哪种营销模式，其终极目的都是一样的：吸引尽可能多的合格购买者进入公司的销售渠道，然后让销售部门介入，将他们变成有效客户。

非常直接，对吧？

实际上，并不尽然。

你看，不管你多么用心地策划你的营销活动，都无法使每一个进入你销售渠道的潜在客户最终成为合格的购买者。实际上，在大多数情况下，如果这些潜在客户有一半能变成合格的购买者，你就已经做得很不错了。

大体上，这就是直线预期所表达的含义：筛选进入销售渠道的潜在客户，淘汰掉那些不够格购买你产品的人，从而避免浪费时间给他们做一场准备充分的销售演示。

在任何一个特定的营销活动中，进入你销售渠道的人都可以分为 4 种类型。我们称之为 4 种购买类型。

第一种类型叫作狂热型购买者。

这些客户基本上是你最好的、最积极的购买者。他们想要你的产品，需要你的产品，能从你的产品中获益，负担得起你的产品，而且最重要的是，他们准备现在就买。

像所有理性的购买者一样，狂热型购买者有想要消除的痛苦，然而与其他人不同的是，他们已经下定决心现在就对此做点儿什么。换句话说，他们已经不愿意再等了，他们已经准备好行动了。他们已不愿意再忍受这种产生于没有被满足的需求的痛苦了，所以他们决定主动出击。

这类已经下定决心的购买者的唯一不足就是他们的数量

太少了。依你在什么样的行业和你营销活动的目标明确程度而定，你会发现进入你销售渠道中的潜在客户有 10%~20% 的人是这种类型，其余的则分布在其他三种类型中。

第二种购买类型是权力型购买者。

这是第二好的购买者。其与前一种类型的最主要区别就是，权力型购买者没有从他们未被满足的需求中感觉到任何痛苦，这导致他们缺乏与狂热型购买者相同水平的紧迫感。

换句话说，虽然权力型购买者有购买你正在销售的产品的意愿，但缺乏紧迫感使得他们感觉自己是掌握权力的一方，所以在他们逛完附近的商场，且非常确定他们已经找到问题的最佳解决办法前，他们是不会做决定的。

即便如此，这类购买者中仍然有优秀的潜在客户（这种类型的潜在客户比狂热型潜在客户要多得多）。一般情况下，进入你销售渠道的所有潜在客户中有 30%~40% 会是这种类型。

在一天快要结束时，狂热型和权力型这两种潜在客户会顺利通过信息收集的阶段，继续他们在直线上的旅程。其余两种类型的潜在客户则需要尽快被挑选出来，尤其是第三种类型的人：可怕的看热闹者。

这类购买者也被称为“不是诚心购买、专门讨价还价的人”，看热闹者是进入销售渠道的最危险的潜在客户。他们的危险之处在于会伪装成权力型消费者，表现得好像他们有兴趣购买你的产品，然而实际上他们完全没有这样做的意愿。结果，他们没有在信息收集阶段被剔除，反而继续沿着直线前进。

由此带来的伤害有两方面。

首先（也是最明显的），你会浪费大量时间，因为最后你会给那些完全没有购买意愿的人做准备充分的销售演示。其次（甚至是更致命的），一个销售新手会试图弄明白为什么他们的成交率这么低，从而消除由此产生的困惑和消极影响。“我是不是做错了什么？”销售人员会好奇。是因为自己的语调吗？还是提出的逻辑案例不够有力？情感案例呢？或者可能是最后在处理拒绝阶段搞砸了？毕竟，潜在客户全程都是一副有兴趣的样子，自始至终都在给销售人员发出购买信号，因此最后未能达成交易确实令人恼火。

你看出这里存在的问题了吗？

销售新手很难察觉他们销售渠道中 30%~40% 的空间都被讨厌的时间浪费者占据了（伪装成权力型购买者），最后，销售新手将大量时间用于给那些没有购买意愿的潜在客户做销售演讲了。

好消息是识别这些时间浪费者并不是那么难。

你可以通过 4 种易察觉的信号判断出你正在被一个看热闹的人浪费时间。

（1）他们会问很多他们似乎已经知道答案的问题。

（2）不管你卖的是什么产品，他们都会仔细检查，通常检查得会有点儿过头。

（3）他们会发出很多“噢”“啊哈”“是的”的声音以强调他们是真的感兴趣。

（4）当被问到自身财务状况时，他们不是变得过度自信就是毫无必要地闪烁其词。

再强调一次，当涉及尽可能快地识别和剔除看热闹的人时，高度警惕的重要性再怎么强调也不为过。长远来看，你最终能避免很多痛苦。

现在，我们来到了第四种，也是最后一种购买类型，我称之为犯错者，或者“被拖进来的人”。一般来说，这些人从来都不属于你的销售渠道。要么是他们点错了网站，误打误撞进入了你的销售渠道，要么他们仅仅是被其他人拽进了你的销售渠道。

不管是什么情况，所有这些客户的共同点就是他们起初并不想进入你的销售渠道，所以你基本上没有与他们达成交易的任何可能性。

所以，总结一下，直线预期的3种主要目标如下：

（1）识别出那些看热闹的人和犯错误的人，并且尽可能快地把他们踢出你的销售渠道。

（2）从狂热型客户和权力型客户那里收集必要的情

报，并且继续推动他们沿着直线向终点移动。

（3）通过放大权力型客户的痛苦，把他们变成狂热型客户。

鉴于上述 3 点已经被阐述到了，而关于这个观念还有更多值得讨论的有意义的东西，所以让我们进入下一章节，下一章节涵盖了直线预期的 10 个核心特点。

现在是时候把你的注意力从直线预期的理论部分转移到该理论在现实世界中的运用了。

下一章节将会向你展示如何有效地运用该理论。

第 10 章

直线预期十规则

当你进行直线预期时，实际上你是在做以下4件事情：

（1）通过询问一系列设计好的问题来筛选已经进入销售渠道的潜在客户。

（2）通过这些问题不仅收集了信息，也把狂热型客户和权力型客户与看热闹的客户和误打误撞进来的客户区分开来。

（3）在尽可能快地将看热闹的客户和误打误撞进来的客户踢出销售渠道的同时，继续从狂热型客户和权力型客户那收集信息。

（4）在语言结构上把狂热型客户和权力型客户转换至下一步，从而使他们能沿着直线继续他们的旅程。

至于预期10规则，它们能给你在自己行业建立收集信息的实践蓝图所需要的所有东西。

现在，当你学习每一条规则时，都应该把它与你自身的情况联系起来——不管什么变化都是你当前的预期方式所需要的。为此，如果你有一个关于预期目标的手稿或者收集信息的问题清单，那么你应该在我们开始之前把这些东西放在面前。

现在就记住这些，接着我们开始。

规则 1：你是一个转换者，而不是一个炼金术师

把你自己想象成那些过时的掘金人，拿着你赖以为生的平底锅跪在河边，过滤水流，耐心地等待金块掉进你的平底锅。

这个场景我们在电影里和电视上看过无数次了：一个老年矿工，胡子拉碴，在河边苦苦等待。他会一直等在那儿，因为他相信金块迟早会出现。

然而，他不是等着水自己变成金子。那是炼金术师的工作，而不是探矿者的工作。

你明白我的意思了吗？

水是水，金子是金子，它们是不同的东西，不能神奇地融入彼此，就像看热闹的客户和误打误撞进来的客户不可能转变成狂热型客户和权力型客户。

这也是为什么一个销售人员需要变成一个专业的转换者，而不是一个炼金术师。没有第二条路可走。

规则 2：总是征求提问的许可

由于这条十分稀松平常，所以基本上所有未经训练的销售人员都忽略了它，因为他们没有意识到忽略这一点将如何不利于他们建立友好关系。

简而言之，你应当征求提问的许可，否则你将冒着被认为是大审判官而不是值得信任的顾问的风险，大审判官不“关心你”，也不“像你”，而这些实际上是建立友好关系背后的两股驱动力量。

然而，好消息是你只要记住总是要征求提问的许可就可以避免这种结果。就是如此简单。

下面就是一些被证明有效地直切主题的语言模式样本：

“约翰，就几个简单的问题，不会浪费你太多时间。”

“约翰，让我问你几个简单的问题，以便于我更好地为你服务。”

“约翰，让我问你几个简单的问题，以便于准确地知道你要的是什么。”

以上任何一个例子都会帮助你进入非正面冲突的信息收集阶段，而这将有助于友好关系的建立。

此外，我想要你注意在以上每个例子的后半部分，我是如何运用“以便于”这个表述的。在这种情况下，我们把“以便于”这个表述作为一个正当理由，因为它能证明你是出于需要提问，而不是出于好奇心而提问。

为了顺利开展你的工作，在你熟悉的领域中有一些事情是你需要知道的。通过运用一个正当理由，你可以清晰明确地向你的潜在客户提出问题，而这为更有成效的信息收集铺好了路。

规则 3：你必须用一个脚本

鉴于下一章节将全部是关于如何创建脚本以及如何将它们变成前后连贯的演示的内容，在这里我只简单介绍一下这个规则。

使用脚本的一个重要原因是每一个行业都有它自身独特的问题清单，而以何种顺序提出这些问题则大有学问。

如果你提问题时杂乱无章，而不是提前以正确的顺序准备好你的问题，那么你记住所有问题或者按顺序提问的可能性几乎为零，且你犯的任何一个错误都将影响你收集信息的能力。

另外一个使用前瞻性脚本的好处是，由于你已经知道你要说的话，所以你的有意识思维将能收放自如地关注你说话的语调，以及潜在客户对你的回应。

他们的面部表情，或者他们的语调、他们日常的肢体语言都逃不过你的眼睛。

再说一次，我将在下一章节中对此进行详细讨论，所以现在让我们继续下面的内容。

规则 4：从攻击性弱的问题慢慢过渡到攻击性强的问题

一开始，问一些不具攻击性的问题，这样你能给自己争取到通过积极聆听潜在客户的回答而开始建立友好关系的机会。你的潜在客户每回答一个不具备攻击性的问题，你们之间的友好状态就更紧密一点，这也为你成功地提出攻击性问题铺好了路。

让我举一个股票经纪人从一个富有的潜在客户那收集信息的例子，你们可以看看他是如何犯错的。

简单的自我介绍后，股票经纪人通过把自己塑造成一个专家而控制了整个销售过程，他接着通过征求提问的许可、使用“讲道理的人”的语调而转换到信息收集阶段，潜在客户回应道：“当然，请继续。”实际上你会期待每一个潜在客户都能这样回答，前提是你已经把自己成功塑造成一个专家，且运用恰当的语调征得了提问的许可。

现在是股票经纪人提的第一个问题。

“所以，告诉我，约翰，你现在有多少现金流——包括你个人银行账户和华尔街的经纪账户？哦，顺便提一句，请把你拥有的共同基金账户也包含在内，只要你能在 7 天内变现。”

“抱歉？”潜在客户用怀疑的口吻呵斥道，“我甚至都不认识你，为什么要回答你这些问题？”

“哦，对不起。”股票经纪人饱含歉意地说道，“让我们先说点儿别的。你去年年收入是多少，有任何投资性收入吗？”

没有回应。

“就是一个大约数。”股票经纪人补充道，努力引导客户回答问题，“你可以加上——”

一声闷响，电话挂断了。

“您好？”股票经纪人徒劳地说道，“您还在吗，约翰？您好……您好？”

就这样，销售在没开始之前就已经结束了。

听完一阵吹嘘，潜在客户把股票经纪人的电话挂断了，他有足够正当的理由这么做。

毕竟，这个股票经纪人还没有取得问对方这些攻击性问题的权力。他不仅缺乏必要的信任和好感，还缺乏人类交流的无形的好处，也就是脱敏的缓解作用。

从定义来看，生理学家认为脱敏是人类在长期面对不利刺激后出现的缓解反应。用非专业的话来说，就是指我们倾向于快速适应某一事物。

比如，一些你正常情况下认为是非常无礼的事情，像被一个你几乎不认识的人问及一些侵犯性的问题，在几分钟的脱敏后只会让你翻白眼。突然发现自己与正在向你提问的人处于友好关系会产生一种“润滑效果”，当涉及别人从你这收集信息时更是如此。

再说一次，这一特征对确保信息收集阶段的成功而言，其重要性再怎么强调也不过分。

否则，后果自负。

规则 5：用恰当的语调问每一个问题

在第 11 章中，我将详细讲述如何做销售演示，我会提供给你已经被证明在任何行业都有效的重点问题清单以及相应的语调。

现在，你需要明白的是每一个重大问题都有相应合适的语调，运用好这些语调，你就能最大化潜在客户给你坦诚直率的答案的机会，同时确保你在整个过程中始终与客户维持友好关系。相反，如果你对问题用错了语调，那么潜在客户充其量只会给你一些敷衍的答案，虽然你可能不会完全破坏你们的友好关系，但无疑也会将友好程度降低几个等级。

下面讲一个简单的例子。

假设你是一个人寿保险的销售人员，你在一个客户家里试图说服其购买终身寿险。假定寿险是基于恐惧的销售，那么你在信息收集中不仅要抓住客户的主要痛点，还要最大限度地放大它，因为这就是达成交易的关键。

为此，来看看这个你可能会问到的侵犯性问题，并找出客户痛苦的根源。

“所以，约翰，从各方面考虑，在没有准备好人寿保险单的情况下，此刻你最害怕的是什么？是什么真正让你彻夜难眠？”

现在，想象一下，如果你用冷酷无情又激进的口吻说上面的话，就好像你正在为没有准备好足够的寿险额度而责备他如此愚蠢和不负责任一样。

那就会像你正在对他说："你最大的担忧是什么，约翰？告诉我！告诉我！快点儿！来吧！告诉我！"

当然，你实际上并没有把这些话说出来："告诉我！告诉我！快点儿！来吧！告诉我！"但是那却是他真真切切听到的，因为语调会为我们的交流增加额外的语言。他也同样会听到自己内心深处的独白："这个家伙是个十足的混蛋！他一点儿也不关心我，他体会不到我的痛苦，他毫不同情我的困境。"

相对来说，如果你已经运用了"我在乎"这一语调，并表现出"我能体会你的痛苦"，那么潜在客户可能听到的话外之音将会是："哇哦，这个家伙真的很关心我，他真心想要知道我的处境。"

所以，再说一次，如果你对问题运用了错误的语调，那将会使你打破与客户的友好关系，同时也会使你丧失作为专家的可信度。反之，如果你运用了恰当的语调，那么它将在提升友好水平的同时强化你作为专家的地位。

记住，这适用于你在信息收集阶段提出的每一个问题，没有例外。

规则 6：当潜在客户回应时，用恰当的肢体语言回应

这也同样与我在前面章节中讲过的内容有联系，即我在这一章节的第四个规则中也提到的积极聆听的策略，在客户回答

问题时你积极聆听的能力会在你进行信息收集的过程中起到关键作用，有助于你实现在准备进入销售演示的主要部分时大获全胜的目标。

所以，你需要对我在第 8 章指出的所有积极聆听的规则保持高度关注。下面是在信息收集阶段最常用的积极聆听技巧的缩略版清单：

（1）当你的客户说话时点头。这表示你听懂了他们正在说的话，你和他们达成了共识。

（2）当客户向你讲述对他们而言极其重要的事情时，慢慢点头的同时，微闭双眼和嘴唇。

（3）如果该话题事关潜在客户的痛点，再把眼睛闭紧一点儿，再用点儿力抿嘴唇。此外，发出适宜的“哦”“啊哈”声以表明你真正体会到了对方痛苦，同时继续慢慢点头。

（4）当提出情感相关的问题时，身子稍微向前倾，当潜在客户回答问题时（同时也可以用上我在第三点给出的积极聆听技巧）继续向前倾。

（5）当提出逻辑方面的问题时，身子稍微向后靠，当客户回答问题时继续向后靠，表示理解地点点头，并且若有所思地挠挠下巴。

上述技巧必须用于面对面的销售，但非面对面的销售场合中也有类似技巧。当通过电话进行销售时，你积极聆听的方式只剩下当客户回答问题时发出各种不同的“哦”“啊哈”声，不要小看这些回应，它们能让潜在客户知道你仍然能跟上他们的进度，并且听懂了他们正在说的话。

规则 7：总是有逻辑可循

人的大脑非常善于分析一系列问题，并能判断出这些问题是否以一种合乎逻辑的顺序被提出。如果不是，那么它将会立马认定这个正在提问的人并不是其所在领域的专家。

比如，假设你被问及下列信息问题，顺序如下：

（1）你住在小镇的哪个位置？

（2）你是已婚还是单身？

（3）你从事哪方面的工作？

（4）你在那儿住多久了？

（5）你有孩子吗？

（6）你最喜欢邻居的哪些方面？

（7）你是自由职业者还是在企业工作？

坦率地讲，如果在真实的销售场合被问及这些问题，当问到第四个问题的时候，你的内心肯定已经愤怒了，很快，你就会这样对自己说："这个家伙有毛病吧？刚开始看起来像一个专家，但是他显然不知道自己正在说什么。让我们尽快结束这些废话，找一个真正的专家，而不是像这个家伙一样的骗子。"

顺便提一句，我绝对没有在夸大其词。

尽管如此，好消息是，这样的情况很容易避免。你所要做的就是花时间做一点儿战略性的准备——列一份重要问题清单，然后将这些问题以不同的顺序排列直到你找到自己觉得最符合逻辑的顺序。（相信我，最符合逻辑的顺序对你来说非常明显。鉴于我已经提高了你的意识水平，这将会非常容易。）

现在用前一页清单中的 7 个问题做一个快速练习。如果你还记得，会发现我是有意将它们随意排列的。我现在想要你做的是拿出笔和纸（你也可以用你的手机或电脑），把这 7 个问题按照最符合逻辑的顺序排列。

一旦你这样做了，你会发现正确的顺序如下：

1. 你住在小镇的哪个位置？
2. 你在那儿住多久了？
3. 你最喜欢邻居的哪些方面？
4. 你是已婚还是单身？
5. 你有孩子吗？
6. 你从事哪方面的工作？
7. 你是自由职业者还是在企业工作？

注意这些问题排列的精妙之处。

实际上，不仅每一个问题都为后面的问题做了铺垫，而且你潜在客户的每一个回应都将开始描绘他们生活某一方面的画面，你还可以通过基于他们的回答提出后续的问题获得越来越多的细节，从而使这些画面越来越清晰。

但你要注意在提出下一个问题前要对前一个问题进行彻底探讨。千万不要在你已经准备好的问题和后续问题之间来回切换，因为那将破坏逻辑顺序。

记住，在销售的这个节点上，由一个错误直接毁掉交易的情况并不多见，相反，失败更像是一个“多米诺骨牌”式的过程。

换句话说，没有按逻辑顺序提问、用了不恰当的语调、在获取足够的信任前过于激进、忘记积极聆听潜在客户的回应，你的每一个错误都毫无疑问会削弱你辛苦建立起来的友好关系，同时削弱你作为一个专家的地位，到最后，可能一个小错误就会成为压死骆驼的最后一根稻草。

规则 8：做心灵笔记，不要解决他们的痛苦

当你筛选客户的时候，所有你应该做的就是提问，并基于客户的回答做心灵笔记。在这个时候不要试图解决他们的痛苦。实际上，如果你想做些什么，那就去放大他们的痛苦。

记住，痛苦表明他们生活中有一些不如意的事情——他们

需要采取行动去解决的事情，所以如果你在销售演示前就帮他们消除了痛苦，那么实际上你正在极大地伤害他们。

换句话说，当一个潜在客户把痛苦暴露在你面前时，你不应过早行动，然后说："哦，太棒了！现在没必要担心了！我的产品将消除你的所有痛苦，所以你不会再有任何感觉糟糕的理由了。坐下放松一下，我来向你解释这一切。"

这样做简直就是搬起石头砸自己的脚。你看，通过给他们的痛苦注入暂时的镇痛剂，你正在把你的潜在客户从狂热型客户变成权力型客户，而这与你想要做的恰好相反。

相反，你应该通过向他们提出一系列后续问题来放大他们的痛苦，而这些问题会呈现一副未来的图景，促使他们认识到如果不立刻采取措施消除这个痛苦，他们所处的状况将会越来越差，他们自己也将经历更大的痛苦。

这将确保你的潜在客户不仅明白不采取措施消除他们痛苦的后果，还能从内心深处感受到这一后果。

规则 9：总是以强有力的转换进入下一阶段

当你在做直线销售演示的时候，转换的目的是使那些沿着直线继续前行的潜在客户进入销售过程的下一阶段。

除此之外，这么做也能帮你剔除看热闹的客户和误打误撞的客户，以及那些不是特别适合你产品的狂热型客户和权力型客户。

你看，一个显而易见的事实就是，不是每一个狂热型客户和权力型客户都应该被引导着在直线上继续前行。比如，如果你的产品对他们来说不是特别适合，那么你有义务告诉他们——向他们解释你不能帮助他们，他们真的不应该购买你的产品。

你应该像这样说："是这样，约翰，基于你刚才告诉我的一切，我认为这个项目不是特别适合你。我对此感到非常遗憾，但是我不想把不能真正对你有用的产品卖给你。"如果你碰巧知道另外一家公司的产品可以帮到他们，那么你应该把他们介绍到那家公司。当然，你也不一定非得这么做，但是这绝对是值得做的正确的事情。

记住，今天不合格的潜在客户未来可能是非常合适的客户，且你通过把他们送到别处积累的好人缘是不可估量的。实际上，我就遇到过这样的情形，在我离开他家前，那个潜在客户就开始给他的朋友打电话为我拉生意，我也遇到之前介绍到别处的客户一年之后突然给我打电话订购我产品的情况。

现在让我讨论一下另一种情况：在收集完所有必要的信息后，你完全确定你的产品能消除潜在客户的痛苦、提高他们的生活水平。

在那种情况下，你应该这么说：

"好吧，约翰，基于你刚才跟我所说的一切，我认为这个项目简直就是为你量身打造的。让我告诉你为什么……"你可以用“产品”这个词来代替“项目”，或者用任何一个具体的名称。

再具体些，你应当这样说：

“好吧，约翰，基于你刚才跟我说的一切，我认为这台64英寸[①]的三星彩电对你来说是最适合的。让我告诉你为什么……”接着，你便可以直接进入销售演示的主题了。

规则10：坚持停留在直线上，不要偏离直线

2009年，我被伦敦一家研讨会的组织者请去为该公司20个年轻的销售人员开展一场私人销售培训，这些年轻人当时正因几乎敲不开任何一户人家的门而苦苦挣扎。

第一天培训快到一半的时候，我经过一个销售人员的桌子，听到他正在说关于英国南部沼泽地猎鸭方面的离题十万八千里的话。

事实上，猎鸭这一话题是潜在客户对于这个销售人员几分钟前提出的一个标准的信息收集问题的回应，而这个销售人员的问题与一群无辜的鸭子毫无关联。（他刚才提出的问题是：“你当前做什么工作？”）

要清楚，这个潜在客户并没有一开始就谈论猎鸭，他先回答了销售人员的问题，告诉销售人员他是肯特一个服装制造企

① 1英寸＝2.54厘米。——编者注

业的中级经理，但是接着这个潜在客户却开始讲述肯特沼泽地的猎鸭活动，越来越偏离直线了。

实际上，潜在客户一开始回答你的问题，接着便说些与主题无关的话是一种值得警惕的情况，其在信息收集阶段是非常常见的。

真正有问题的是这名销售人员对这个问题不坦率的处理方式。

“哦，我的天啊！”他惊呼道，就像他完全被击中了一样，“真是太巧了！我也喜欢猎鸭！这真是太巧了，我的意思是，你和我同时爱好猎鸭简直太令人惊奇了，我都迫不及待要开始告诉你我是多么……”这个销售客户不停地说，和他的客户反反复复说了近 15 分钟，整整 15 分钟！一堆关于对一群无辜的不能反抗的鸭子进行射击的废话喷涌而出。

不要误解我，我既不反对也不支持猎鸭，尽管我认为如果你要夺去一只无辜鸭子的生命，最好至少有起码的礼貌，把这个小家伙涂上黄油，做成美味佳肴。不管是哪种方式，更重要的是你要明白这个销售人员的策略是如何误导客户的。让我来解释一下。

在这个销售人员铩羽而归，丧气地撂下电话后，他转向我，嘟囔道：“混蛋！马上就要成功了。不敢相信快要煮熟的鸭子飞了。”

“不，你远没有接近目标。”我直截了当地回答道，“你还差得远。你忙于谈论猎鸭。我觉得那些废话都是你胡编乱造的，对吗？我的意思是，你给我留下的印象都没有猎鸭深刻。你来自哪里，印度吗？”

“斯里兰卡。”他温顺地说道，看着地板，避免与我进行眼神交流。

“斯里兰卡并不是世界上的猎鸭之都，对吗？”我轻轻笑道，“不管怎样，你为什么要对那个家伙撒谎呢？你想达到的目的是什么呢？”

“我在努力建立友好关系。”他有所戒备地说道，“就像你今天早上说过的那样。”

“哇哦，学以致用！”我心想，“我再也不能只强调事情的重要性而不教他们如何做了。”

“非常好。”我对这个销售人员说，“这句话是我说的。但是，准确起见，你刚才做的与我的意思恰恰相反。”

10 分钟后，我让所有销售人员回到培训室，我站在白板面前，准备填满我上午训练的空白。

“让我告诉你们一点儿关于‘友好关系’的事情。”我自信地说，“这是目前为止英语语言中被误解最深的词。大多数人所认为的构成友好关系的东西实际是令人厌恶的，我的意思是它们会赶走人们而不是吸引他们，而这与你试图建立友好关系的初衷恰恰相反。”

“在今天早上听完你们的销售言论后，我发现很明显你们认为通过假装喜欢潜在客户喜欢的某样东西，就能与他建立友好关系。”我稍微停顿了一下，声音在教室里回荡。

“胡说八道！”我唾沫横飞，“这不是友好！人们比以前更具有怀疑精神，他们会对谎言格外警惕。不出意外的话，如果潜在客户哪怕有一丁点儿察觉到你在撒谎，那么你达成交易的机会就完全消失了。大家都明白了吗？”

20个销售人员整齐划一地点点头。

“很好。除了那些之外，你还在向你的潜在客户发出你不是专家的信号。你看，专家是很忙的，因此不会把时间浪费在谈论与结果无关的事情上。很多人渴望他们的服务，时间是他们最宝贵的商品。”

“而且，专家会筛选客户，他们会用非常具体的方式提问，既合乎逻辑又依靠直觉，他们不会离题。新手才会偏离主题，他们往往会东拉西扯地高谈阔论，还经常偏离到很远的地方。”

“现在，再强调一遍，真正的友好是建立在两件事情上的。”

“第一件，你关心。这意味着你不仅仅是为了完成销售任务，你想要帮助潜在客户满足他们的需求，消除他们的痛苦。基本上来说，你把他们的切身利益放在第一位，而不是把自己的利益放在第一位。”

“第二件，你和潜在客户很像。要知道，人们喜欢与自己像的人打交道，而不是和与自己差异很大的人打交道。举个例子。”

“你不会在调查了一家乡村俱乐部后回到家对妻子说：‘猜猜怎么着，亲爱的？我今天去了一个非常酷的乡村俱乐部！那儿的人和我完全不一样。他们有不同的政治信仰、不同的宗教信仰、不同的利益诉求。总之，我与他们完全不同！所以我加入了。”

“如果你那样做，你妻子会盯着你看，认为你失去理智了。然而，如果你说：‘我今天去了一个非常酷的俱乐部。那儿的人和我非常像。他们和我有相同的政治信仰、宗教信仰和家庭观念，而且他们所有人都打网球。所以我加入了！’你的妻子会很容易理解。”

“重要的是：我们不是基于他人与我们的不同而与他们打交道的，我们是基于彼此的相同点而打交道的。”

“然而，话虽如此，这却正是你们都会犯的典型错误。你看，你认为你应该通过玩模仿游戏来达成目标。就像如果他喜欢钓鱼，那么你也要喜欢钓鱼；如果他喜欢猎鸭，你也要喜欢猎鸭；如果他喜欢狩猎，那么你也要喜欢狩猎，如此等等。”

“至于你们那样撒谎是多么不明智，我将在后面的部分进行合乎逻辑的探讨，但是现在，我重复一遍刚才说的观点：这毫无作用！这完全不会带来友好关系，只会招致人们的厌恶。”

“实际上，我可以用早上听到的对话给你们一个真实的例子……”接着，我对之前听到的猎鸭对话进行了滑稽好笑的描述，以此来活跃气氛。

当我讲到潜在客户偏离直线的时候，我开始无情地取笑那个销售人员试图讨好客户的决定——当他们两个反复谈论猎鸭活动的精彩之处时，其实是浪费了足足15分钟。

接着，我转换至一种更严肃的口吻，补充道："但是即便如此，在他的描述中，当他吹嘘猎鸭活动的种种细节时，好像他根本无法打动潜在客户。而且，顺便提一句，伙计们，我希望你们把他的电话销售当作反面教材，引以为戒。"

"当潜在客户开始偏离直线时，千万不要说：'哦，哦，哦！现在，听着，伙计，我是专家，作为一个专家，我没有时间听你关于中国茶叶价格的毫无价值的废话。所以我希望你不要再说这些废话，直接回答我的问题，以便我们能推进销售环节。'"

"如果你那样说，你的潜在客户会非常生气，实际上，在那种情况下，你最终会把已经建立起来的友好关系毁掉，也有可能会结束对话。"

"相反，在那种情况下你要做的是开始积极聆听，并让销售进程停下来，从而让他知道你清楚他正在说的事情，并且觉得非常兴奋和有趣。当然，你不用通过语言表达出这些，你的语调和肢体语言才是正确的工具。"

"接着，在他偏离直线一段时间后，你所需要说的就是像这样的话：'哇哦，太酷了。听起来相当有趣。我能明白你为什么那样觉得了。既然你想知道几个世纪前的货币交易方式……’接着通过询问清单上的问题把他引回至直线上，并从当初偏离的地方继续。这就是你维持对整个销售过程的控制，并同时建立友好关系的正确做法。各位，明白了吗？如果明白了的话请举起你们的手说‘是的。’”

就在这时，所有销售人员举起了手，异口同声地说“是的”。

“好，非常棒。”我继续说道，“要记住友好关系不是一成不变的，它在整个销售过程中是上下起伏的，这取决于两件事情。”

“其一，潜在客户如何看、如何想你最后的观点；其二，在那个基础上，他是否认为你们之间达成了共识。”

“所以，如果他对你最后说的事情感觉很好，那么友好度就会上升，如果他感觉不好，那么友好度就会下降。同样的，如果他相信你与他达成了共识，那么友好度就会上升，如果他认定你没有和他达成共识，那么友好度会下降。”

“这一点非常重要，因为如果你与潜在客户不友好，那么你无法达成任何一项交易，事情就是如此简单。”

“所以，一旦你感觉与潜在客户的关系不友好，那么你需要停下来，重整旗鼓，下点儿功夫重新与他们建立友好关系，用我之前讲过的积极聆听技巧，还有我今天早上带你们复习过的两种具体语调——‘我在乎（我真的想知道）’和‘我能体会到你的痛苦’。”

“一般来说，建立友好关系是一个连续的过程。不是你和某人建立了友好关系，就可以对自己说：‘好了，完成！现在我已经把拦路虎清除了，可以重新表现得像个混蛋了！’这样会坏了大事。”

“一个最简单的事实是，在整个销售过程中，你都需要积极主动地促进友好关系的建立，不能让你的护身符倒下。有任何问题吗？”

“你能讲讲脚本吗？”一个销售人员问道。

“好的。”我回答道，“就现在。”

第 11 章

世界级销售演示的艺术和科学

尽管感召力看起来可能是演讲中至关重要的因素，但听完我接下来的话，你很快就会明白事情不是这样的。

让我解释一下为什么。

首先，由于与销售有关，我们探讨的感召力是销售人员所具备的感召力和吸引力，这种感召力和吸引力能使他们不费吹灰之力就与客户建立友好关系。那是自然界最具磁场的吸引力，它能在很短时间内发挥作用。

一个绝佳的例子就是比尔·克林顿，他不仅是政治历史上伟大的销售人员，还是感召力艺术的大师。不管你爱他还是恨他，看他的竞选活动就像参加一个感召力实践运用的主修课程。

从一个城镇到另一个城镇，他每天要和上千名选民握手，与每个人都只有片刻的交流。然而，不知为什么，当最后轮到你时，他双眼注视着你，露出他那富有同情心的笑容，说上几句简单的话，你就会震惊地感觉到他不仅关心你，还理解并能体会你的痛苦。

“他关心我”、“他理解我”和“他能体会我的痛苦”这3个特点是友好关系的基础，而那些魅力四射的人身边一直围绕着这些特点。

实际上，感召力的能量非常大，任何一个顶尖的销售人员都必须掌握。就像汽车发动机里机油的作用一样，感召力为以信任、尊重和团队合作精神为基础建立的健康合作关系提供动力。

那么，那些不具备突出个人感召力的人怎么办呢？他们应该做什么呢？他们完蛋了吗？是就像大家普遍认为的，感召力是一个人天生的品质，每个人的感召力都处于固定的水平，还是说感召力是一项可以学习的技能，可以通过后天的实践习得呢？

谢天谢地，答案是后者。

实际上，感召力不仅是一项完全可以习得的技能，而且它还具备人们梦寐以求的特质。我是说，你要做的就是将其掌握，然后你就能直接看到好处了。

至于如何开始去做，这些年我已经实验过很多不同的策略了，而且我已经发现教会别人这一技能的最快方法就是把感召力分解成三个核心要素，每次教他们一个核心要素。

所以，让我们现在就开始吧，从感召力的第一个要素开始，那就是语调的有效利用。如果你说话的声音足够悦耳，那么人们就会认真听你说的每一个字而不是毫无反应，或者被房间里的其他人分散注意力。

感召力的第二个组成部分是肢体语言的定向运用。你应当对 10 种肢体语言规则的运用高度警觉，通过积极聆听来使注意力和共情达到异常高的水平。

感召力的第三个要素对于大多数人来说是最难掌握的，那就是不要说蠢话。

实际上，我已经见过无数次这样的场景了。

销售人员在销售开始的四五分钟内还能控制整个销售过程、说一些比较机智的话。然后，事情开始变得糟糕，销售人员开始词穷，再然后，蠢话喷涌而出。

更糟糕的是，蠢话一旦开始涌出，随着时间的推移会变得越来越蠢，直到这些不可否认的蠢话在潜在客户的脑海里敲响警钟，并发出“新手提醒！新手提醒！”的警报声，这时任何达成交易的机会都没有了。

毕竟，所有潜在客户都知道真正的专家看起来应该是什么样、听起来是什么样，而且他们也知道不会从专家那里看到什么、听到什么。

专家大部分时候都会说聪明机智的话，他们（偶尔）说废话，不时地，他们会吹吹牛，但是他们唯一不会说的就是蠢话。那“荣誉”是为新人准备的，或者，更准确地说，是为这些听起来是新手的人准备的。

在销售这个行业，真正的专家和听起来像专家的人的差别是非常大的，如果你遇上的是后者，那你通常会饱受困扰。直线系统的一个美妙之处就在于它能使任何一个销售人员（不管他们是笨手笨脚的菜鸟，还是世界顶尖的专家，不管拖延了多长时间），都能持续地做出完美无瑕的销售演示，这个系统如此有效的秘方可以用一个词概括：脚本。

对，就是脚本。

但不是所有脚本都能奏效。我说的是直线脚本，或者，更准确地说，是能像连贯的单元一样共同发挥作用、在整个销售过程中有序运行的一系列直线脚本。

那么，直线脚本是什么样的呢？

简而言之，一份直线脚本应当是从完美销售经历中提取出的精髓。换句话说，想象一下 10 个你为某一特定产品做过的最棒的销售演讲，逐字逐句检查，从每篇讲稿中找出最好的一页，并将它们重新组合成一篇完美无比的演讲稿，而这将成为你以后在所有销售场合的演讲稿的模板。这就是我所说的直线脚本。

这可以说是你最得意的销售台词的集合，并且要以最适合的顺序排列——从最重要的开头 4 秒开始，一直到最后结束，其结果要么是你的潜在客户下订单，要么是你用礼貌的方式结束这次销售。

换句话说，即便潜在客户不买东西，你也不能严厉责备他们、给他们施加压力、不礼貌地挂断电话，或者诅咒他们。相反，你要用一种礼貌的方式结束电话："谢谢你抽出时间听我推销，史密斯先生，祝你愉快。"

我可以用2~3章的篇幅来描述一个遣词造句优美的直线脚本带来的不计其数的好处。让我们首先来看一下最重要的好处，重点关注它们是如何和直线系统的其他部分有机结合，从而使你能够与任何可以达成交易的人达成交易的。

（1）我知道这是常见的情况，但我还是必须把尽可能地拖延销售的好处包含进来，因为我不能冒一点儿销售人员胡言乱语的风险。

（2）你可以提前准备好你要使用的语调，那不仅能确保你的声音听起来非常悦耳，还能使你把控潜在客户的内心独白，以防它对你不利。

（3）现在你可以非常确信，不管你有多么紧张或者你是一个多么稚嫩的新手，当你开口说话时，合适的词语会不断涌现。

（4）由于你的有意识思维不再需要担心是否能找到合适的语言，你可以将大部分精力放在客户对你的话的反应上。这将大大提高你识别客户当前确定性水平的能力，也能提醒你任何有关友好关系的变化（你可能对潜在客户说了他们不同意的话或者错误地理解了他们的意思）。

（5）这能让你为"三个10"建立完美的逻辑性案例，同时确保你能遵循直线系统的演讲规则，而这些演讲规则已经被证明能最大化客户的投入，从而提高你的交易达成率。（我将对此进行简短的说明。）

（6）它能确保销售人员不管身在何处，无论是在室内还是在室外，都能对潜在客户说几乎一样的话，从而使得公司管理层能系统化自己的销售力量。当涉及培养和扩大公司的销售力量时，这种一致性至关重要，并且公司销售经理有责任将其付诸实施。

（7）它能防止销售人员夸大其词或说一些完全错误的话，从而减少管制方面的问题。要知道，一个销售人员往往不会有意对客户撒谎或者欺骗他们，他们仅仅是黔驴技穷，然后开始胡说八道。实际上有两种类型的胡言乱语：第一种类型的胡言乱语是真实而准确的，第二种类型要么不真实，要么不准确，因而是很恶劣的，如果你在一个受管制的行业，那么这种行为是不可原谅的。

再次强调，这些只是任何一个掌握了遵循特定原则的直线系统的销售人员自然而然就能享受到的诸多福利中的一部分。

但是，尽管任何一个销售人员（天生的销售人员除外）在不知道说什么的情况下开始销售过程会导致数不清的挑战不断涌现，仍然有许多销售人员对脚本的使用非常反感。

反感程度从轻微的恶心到重度休克，他们的消极反应是基于以下三个担忧：第一，他们认为用脚本会让自己听起来呆板和不真实（就像俗话说的，像念稿子一样）；第二，他们认为，潜在客户会知道他们在照着脚本念，从而认为他们不真诚或者是一个新手；第三，鉴于脚本的人为属性，他们认为用脚本是不道德的或不诚实的。

表面看来，这些争论确实有点儿道理。如果有人递给我一篇看上去很老套或者不真实的稿子，我会立即把它扔进垃圾桶，或者，更解气的方法是用火烧掉它，再踩上几脚。

实际上，8 年前，我确实那样做了，是在伦敦一家雇用我给他们的销售人员教授直线系统的金融服务公司。当时，他们雇用了 20 个销售人员，这些人的业绩很惨淡，公司的首席执行官把这些人称为金融服务行业的“虾兵蟹将”（暗指水平不高）。

问题的核心是公司销售经理写的糟糕的电话销售脚本，这个 30 多岁的业余销售经理自己的销售方式似乎就是从头到尾一直废话连篇。

在任何情况下，脚本用纸的尺寸都应是正常信纸的 3 倍，并且每一寸空间都应布满了字。这些字被分成一个个小段落，加起来差不多总共有 30 个，这些段落排列在用不同长度和粗细的箭头连接起来的同心圆中。

很快，我就百分之百确定这个销售经理的脚本是我最不待见的大废物。（当你思考一般的非直线系统的脚本有多糟糕时，你已经迈出了重要一步。）

就在我们准备吃午餐时，我把所有销售人员叫到了会议室，包括销售经理，没有任何征兆或者前奏，我拿着脚本，用饱含恶意的语调说道："你们看到这个脚本了吗？这是我这辈子读过的最垃圾的东西！实际上，它已经快要毁掉你们的生活了，就像僵尸一样。"我耸耸肩，"所以我要永久地销毁它，让它离开我们的视野。在座的各位有谁知道如何让僵尸永远消失吗？"

"用火。"一个销售人员说道，"可以烧了它！"

"非常正确。"我回答道，"所以我带来了这个。"我把手伸进放在地上的购物袋，拿出一个平常用来点烟的打火机，我拿起来给大家看。

"永远消失了！"我唾沫横飞地说道，然后一声不响地把打火机放到脚本的边缘，按下开关，把脚本点着了。

我十分骄傲地宣称："一个脚本应该是一条完美的直线，而不是一个圆形的烟雾圈。"

话说到一半，我就被火苗熄灭的景象惹恼了。显然，这些纸中增加了耐火的涂料。"你能相信吗？"我咕哝地抱怨道，"这个脚本如此乏味，甚至都点不着火！"说着，我把脚本扔到地上，开始在它上面踩踏，整个房间里响起掌声，大家欢呼起来。更准确地讲，整个房间里销售经理除外。

意识到厄运即将来临，在我试图烧他的脚本时那名销售经理已经溜出了会议室，并且从此杳无音讯。但是谁也不在意，尤其是公司首席执行官，在接下来的一个月里，他惊叹于销售量猛增了 700% 以上。“这确实是一个令人惊讶的结果。”他在随后写给我的感谢信里说道。除了感谢信之外，信封里还有一张金额不小的奖励支票，支票上面贴着的一张便笺写道：

J，

你值得这每一分钱！只是确保 Ol’Mel 能停下来。

GS

他提到的“Ol’Mel”不是别人，正是梅尔·吉布森，电影《勇敢的心》的主演；他提到的特定场景是我之前用来解释销售大师撰写的直线脚本与听起来不像念稿子的读脚本艺术的关系的一个比喻。

“现在，我假定你们都看过《勇敢的心》这部电影。”我对他的销售团队说，“所以，你们应该都知道电影中有这样一个场景：衣衫褴褛的苏格兰军队站在那儿，穿着破烂的苏格兰短裙，手里拿着叉子和斧头，而对面是英格兰的主力部队，他们有弓箭手、高大的马匹和手持长剑的步兵，很显然，苏格兰军队将要吃败仗。你们都知道我所谈论的场景，对吗？”

他们都点头。

“非常好。接着梅尔·吉布森骑着他的马出场了，整张脸都涂满蓝色的颜料，接着他发表了著名的演说：‘苏格兰之子们，你们今天站在这里，面对 300 年的压迫和暴政……’他不停地说，用他令人难以置信的昂扬语调，谈论着他们的生命最终迎来了特殊的时刻，他们只有这一次争取自由的机会。就这样，他们在英格兰军队面前充满斗志，并且在几分钟内就把英格兰军队彻底摧毁了。”

“那是不可思议的场景。”我充满自信地说道，“但是问你们一个非常重要的问题：你们认为梅尔·吉布森是即兴发挥的吗？”

“想象一下梅尔·吉布森作为一个导演，大喊道：‘好，我们要做的就是在那边的空地组织几千个临时演员，然后我将把所有的摄像机放在恰当的位置，等待太阳升到合适的高度，就在那时我给这些演员发出逃跑的信号，接着我骑着马过去，激发他们的斗志，说服他们留下来，接着一举击败敌军！’”

“实际上，一个专业的导演是不会这么鲁莽的。”

“由于一个角色只有一次说台词的机会，导演们会雇用专业的编剧来为角色设计精密的台词，以确保电影的成功，然后他们会雇用世界顶级的演员（梅尔·吉布森自己就是演员，所以不用另找演员），这个演员不仅要能记住自己的台词还要能使用完美的语调和肢体语言。”

所以，这个故事有什么寓意呢？

其实，寓意不止一个，但是我试图让别人理解的观点是，如果你也认为，由于脚本的天然属性，它们会使你听起来呆板或者不真实，而这使你与客户建立友好关系和从感情上感动他们非常难，那么你就需要考虑一个非常简单的事实，那就是：

从你学会说话的时候起，让你哭，让你笑，让你歇斯底里，让你大声叫喊的每一部电影、每一档电视节目，以及使你沉浸在角色当中，最终在一个星期内一口气看完整个系列的电影或电视节目，它们每一个都是有脚本的。

实际上，即使那些本应通过不夹杂人为设计的真实性提高收视率的真人秀节目都是有脚本的。

你看，不久这些节目的制作人就意识到，当他们不给真人秀明星某种类型的剧本，而让他们自由发挥时，最终的效果既糟糕又枯燥，节目简直没法看。

所以如果你坚持认为用脚本使你听起来既呆板又不真实，那么你实际上忽略了一个事实，那就是你生命的一半时间都被一个东西牵着鼻子走，它能让你哭，让你笑，让你歇斯底里，让你大声喊叫，对，你猜对了，这就是脚本。

成功的关键因素有两个：首先，你需要熟练掌握听起来不像是在念稿子的读脚本的艺术；其次，你需要熟练掌握撰写能让你读起来非常自然的脚本的艺术。

在直线系统的话术中，我们把这一过程称为“战略准备”。在这一过程中你需要抱着非常谨慎和小心翼翼的心态。总而言之，战略准备的哲学是基于能预见到销售过程中可能出现的任何情况提前做好应对准备。

实际上，这也是这一章节剩下部分主要讲的内容：直线脚本的创建。

下面，让我们从浏览把直线脚本与其他脚本区别开来的 8 件事情开始。深入探讨直线脚本的创建。

第一，你的脚本一定不能是前置型的。

前置型脚本是指你在一开始就将你的主要优势和盘托出，这样当你的客户第一次拒绝你的时候，你就没有什么强有力的说辞来改变他们的心意了。

这是销售人员经常会犯的一个大错：他们认为，最开始做销售演示时要提到每一个好处。结果，他们的稿子又臭又长，还没念到一半客户就走神了。写出好稿子的关键是搭好框架，而不是一开始就将一切和盘托出。

这就像建造一栋新房子，你需要分步骤来做。首先，你要搭好房子的框架，接下来是墙面，再接着是油漆。销售也是一样的道理。你不能期望过早达成目标。遭到拒绝很正常，所以要做好长期作战的准备。先要打好基础。

一般来说，我们不可能一步从 0 跨到 100 英里。这中间会有停顿，停顿的时候我们能好好地喘一口气，整理自己的思绪。换句话说，你提高别人确定性水平的过程是一点一点实现的，不可能一次性完成。

第二，关注功效，而不是特点。

由于一些无法解释的原因，一般的销售人员倾向于关注产品的特点，而不是产品的功效。

我不是说你不应该提及产品的特点，实际上，如果你不提会显得特别可笑，我们不应不断重复谈论产品的功效，向客户解释这种功效的来龙去脉同样重要。但关键是你只需要简要地提一下特点，功效才是你介绍的重点，记住，向潜在客户展示为什么这个产品对他们有效非常重要。

记住，人们并不会特别在意一个产品所具有的所有特点。他们只想知道这个产品能否让他们的生活变得更好一点，能否减轻他们的痛苦，能否让他们有更多的时间和家人在一起。

第三，你的脚本必须要有停顿点。

如果你做完一个强有力的陈述后紧接着做另一个强有力的陈述，再接着还是一个强有力的陈述，那么当你做第三个强有力的陈述时，这些陈述实际上已经消耗了彼此的力量。一个优秀的脚本需要有很多的停顿点，在这些停顿点上潜在客户会与你互动并确保你们的节奏一致。

也就是说，在你做了一个强有力的陈述后，你应该通过向潜在客户提出一些简单的“是或否”问题来维持这些陈述的影响力，例如：“跟得上吗”“说得通吗”“你在听我说吗”，这样做，不仅能使潜在客户参与对话，还能使他们养成说“是”的习惯，而这能潜移默化地使他们认同你。

此外，这些小小的停顿点还能定期验证你与潜在客户的友好关系。举个例子，当你问潜在客户“说得有道理吗？”如果他们回答“有”，那么你们的友好程度可能较高，然而，如果他们回答“没有”，那么你们的友好程度可能不那么高了，这时，在弄清事情的真相之前，你不能照着脚本继续了。如果你继续照着脚本进行，那么你的潜在客户就会想：“这个家伙根本不关心我说的话，他仅仅是在完成任务。”

所以，与其继续推进销售过程，你更应该回过头来，给潜在客户更多信息，然后再问一次事情是否说得通。在这种情况下他们一般会给出肯定的答复，此时你就可以毫无顾虑地继续说下去了。

第四，写脚本要用口语化的语言，而不是书面化的语言。

你要用一种轻松自在的方式讲话，要让自己听起来很有趣，不要说太多正式的语言或者过于专业的术语。

也就是说，当你读脚本的时候，你应当让自己听起来非常自然，就像和一个老朋友说话一样，你要努力在情感上与他们产生共鸣，而不仅仅是从逻辑上说服他们。

但是，从另一方面说，记住你仍然要让自己听起来像一个专家。所以要掌握一个平衡点。不要说这些话：“我们好像”“这些”“他们”“可以做”“不能做”，这些话让你像一个没受过教育的人一样，对吧？你仍然要让自己听起来像是受过高等教育，像一个专家一样。但是不要试图用太多的专业术语碾压潜在客户，据我所知，那必将使别人对你的话毫无反应。

相反，你要尽可能地说大白话，用简称使单调乏味的话听起来自然而简洁明了，同时不要忘了表现得像一个专家。

第五，你的脚本必须非常流畅。

每当我写一个新的脚本，在选定最终版本前我往往要改四五稿。这能让我不断检验我的脚本。你应当先大声读给自己听，找出任何节奏上的或者语言模式上的小差错。

一旦不满意，我会重写脚本，改正那些我发现的小错误，然后重复这个过程，直到我对这个脚本完全满意为止。

精心打磨后，我能确保即使一个新手也能用好这个脚本且效果极佳。为此，就每一个句子中的音节数量和节拍数量而言，我经常关注的一个重要因素就是平衡。

你看，如果你的句子失去了平衡，那么听者的耳朵就会立刻感觉不对劲儿，重复几次后，人们就会忽略你的话了。

第六，你的脚本必须真诚而道德。

当你写脚本的时候，你应该审视每句话："我说的一切都是百分之百准确的吗？我真诚吗？我的动机道德吗？我有夸大其词吗？我有误导客户吗？我遗漏了某些事实吗？"

我承认早些时候我写了一些不是那么值得引以为豪的脚本。但我并不是撒了很多谎，我只是遗漏了一些很重要的事实。

所以，拜托，为了你自己，我希望你能确保你的脚本不仅百分之百准确并且是道德和真诚的。我的意思是，你要对说假话、夸大其词、误导别人、遗漏事实，或者其他任何不能通过所谓的“嗅觉测试”的事情采取零容忍政策。

此外，如果你是管理者或者一家公司的所有者，要记住，如果你把一份谎话连篇且夸大其词的脚本给你的销售人员，他们一定会知道，而其结果将会是灾难性的。

对于初学者来说，分发到一份不道德的脚本无异于被默许以公司名义抢劫和掠夺。当你的销售人员打电话给客户，或者亲自敲客户的门时，说谎、夸大其词或者遗漏重要事实，会很快渗透到整个公司文化当中，并且给整个公司带来危害。

实际上，过不了多久，你的销售人员就会完全脱离控制——每天撒更大的谎，更加夸大事实，对他们自己的不道德行为越来越不敏感，而这一切都是从你开始的。

底线就是当涉及道德时，你不能越过红线，所以任何有关你可以分发一份不道德的脚本而不会摧毁你的公司文化的想法都是愚蠢的。你的脚本要准确，前后一致，能如实反映你的公司文化。

这些脚本也必须十分吸引人！

记住，这些特质并不矛盾：你的脚本可以很引人注目，同时还是百分之百道德的。

总的来说，你的脚本应该说实话。

第七，记住前面提到的成本收益恒等式，忘了利益。

在一个潜在客户做出购买决定前，为了完成收尾过程并接受你的产品，其已经在脑海里对需要花费的能量和你承诺的预期收益进行了快速权衡。

为此，如果预期收益大于总的预期能量支出，那么潜在客户的大脑会发出清晰的购买信号，因而他们最终很有可能购买。相反，如果预期收益小于总的预期能量支出，那么潜在客户的大脑会发出危险信号了，这会降低客户购买的可能性。

我们前面提到过成本收益恒等式，每次你请求客户下订单的时候这个等式都会起作用，包括在销售的后期你对购买信号进行回应时。

这一原理在你请求客户下订单片刻后就会生效，在那时你需要马上付诸行动，引导他们在内心提出一个简单却又尖锐的问题，即归根结底真的值得吗？

换句话说，从一个冷静的、合乎常理的角度看，我期望得到的所有好处要大于我为了得到它们而付出的所有能量吗？

现在，在这里你需要明白的是，尽管这一等式带来的积极结果并不意味着你的潜在客户会购买你的产品，但是其消极结果意味着他们一定不会购买你的产品。潜在客户的购买意愿也不是一成不变的，但会持续到你再次有机会开口请求订单时，在那时你要坚持一系列简单但却十分有效的原理，这些原理将确保你最终得到等式带来的积极结果。

让我快速地把这些原理告诉你，还用我们熟悉的比尔·彼得森和约翰·史密斯来举例子。

假设比尔·彼得森刚刚给约翰·史密斯做了一个很棒的销售演示，比尔向史密斯先生讲解了产品不计其数的好处，以及为什么它们对史密斯先生正在遭遇的困境来说是一个完美的解决方案，而史密斯先生也非常认同这些——在整个销售过程中一直在给比尔正确的信号。

所以，比尔现在要做的就是进入达成交易的环节，解释史密斯先生接下来需要采取的措施，然后向他提出下订单的要求。

为此，比尔对史密斯先生说："现在，约翰，这是我需要你做的事情：首先，我需要你告诉我你的全名、社会保险账号、家庭住址、驾照号码，然后我想要你去一趟邮局，买一张特别的头等邮票，接着，拿着驾照找一台复印机，复印一份驾照的复印件，接着去一个公证处，把驾照进行公证，然后再去银行办一张保付支票……"然后，只有在史密斯先生绕了几圈后，他才能弄明白比尔·彼得森承诺过的他的产品能达到的功效。

很显然，我说的有点儿夸张，但也不是特别夸张。大多数公司真的会因此错失良机——达成交易需要潜在客户花费很多能量，最终让客户望而却步。

顺便提一下，永远不要忘了，金钱实际是储存的能量。你通过工作来消耗能量，作为回报你得到金钱。当然，其中的一些钱最终被用作生活花费——食物、住所、医疗支出、日常账单支出，剩下的存进银行，而这些存入银行的钱代表被储存起来的可以在任何时间以任何形式释放的能量。

所以，当你要别人把他们好不容易赚到的钱给你时，你其实是在要他们消耗储存起来的能量，所以你要确保他们相信能通过将要得到的宝贵的好处抵消他们的能量消耗。

你要清楚一个事实，一旦他们说“是”，意味着他们相信自己将会得到大量好处，并且他们将要消耗的能量非常少。

顺便说一句，在这一点上做得最好的公司是亚马逊，他们的“一键购物”使客户购买产品变得容易至极，一旦你在亚马逊上买过东西，你会觉得从其他的地方买东西是一件特别麻烦的事情。

更能说明问题的是，亚马逊发现如果他们的客户被迫多按一次鼠标，登录一个不同的界面，那么大部分客户将会弃用他们的网站，如果一个客户需要按第三次鼠标，那么他们的转化率将跌到很低的水平。这说明这成本收益恒等式对人们做出积极的购买决定是多么重要。

让我们回到比尔·彼得森和约翰·史密斯的例子上，但是这次，让我们换一种语言模式以反映一个非常不同的达成目标的方案：

“约翰，现在开始事情将非常非常简单。你只要说一下名字以及个人的一些基本信息，我们这边会处理好其他所有的事情。当你把这些与［好处 1］、［好处 2］和［好处 3］对比起来，那么，相信我，约翰，你会遇到的唯一问题就是你买得不够多。听起来很不错吧？”

这听起来所需能量少、好处多，并且适用于任何一个行业。

然而，有一件事我需要指出来，那就是有时你会发现你售卖产品的过程并不是那么容易开始。比如在金融或者地产行业，这些行业有很多瓶颈需要突破，还有很多文书工作。

所以，尽管你不能把一些确实很复杂的事情说成非常简单，但你仍然可以让你的客户清楚，你将在你的能力范围内使整个过程尽可能的简单。

在继续讨论下去之前，让我们快速了解一下，当销售的后期出现购买信号时该如何处理它们。换句话说，当你的潜在客户开始变得对“三个 10”越来越确定时，他们会通过交易过程的一些主要问题开始向你释放有兴趣购买的信号。

比如，潜在客户可能会问刚才你说的价格，或者他多久能收到产品、多久能开始看到效果，这些都是常见的购买信号。

假设你已经第一次请求对方下订单了，正在使用循环模式，这时你的潜在客户突然问道："价格是多少来着？"你回答："哦，只要 3 000 美元。"没有再多说其他的。

哎，你刚才无疑是自杀。

为什么？

简单地说，你刚才创建的情景是客户需要投入 3 000 美元的能量，但并未涉及任何好处，而这不是因为这笔买卖没有任何好处，实际上，好处是存在的，只是你在请求他们消耗能量的同时忘记提醒他们了。

也就是说，当你第一次请求订单时，三四分钟前你列出的那些好处与几分钟后潜在客户给你发出购买信号时的成本收益恒等式没有任何关系。

换句话说，当涉及平衡收益时，人们的记忆非常短暂。所以，你需要重复提及这些好处，你可以快速地一笔带过，但是每次提到能量消耗时，都要提到它们。

为此，如果潜在客户发出购买信号："价格是多少来着？"你最合适的回应方式如下：

"只需要 3 000 美元现金支出，让我快速介绍一下你将获得什么：[好处 1]、[好处 2] 和 [好处 3]，就像我之前说过的，你要做的非常非常简单，相信我，如果你能完成这些，那么你唯一的问题会是我没有在半年前就向你打电话推销。听起来不错吧？"

这就是你达成交易的理想模式。

我用“现金支出”这个词代替花费，谈到 3 000 美元这个具体数字时，用“只”这个字来修饰支出，然后快速提醒客户 3 个主要的好处，从而抵消 3 000 美元花费带来的痛苦，紧接着我重复了开始的简单性，并且用绝对确定的语调切换到柔和的终结阶段，再切换到十分真诚的语调，当我说最后三个字的时候，转换至“讲道理的人”的语调：“很棒吧？”

然后我会停止说话了。

第八，直线脚本是一系列脚本的一部分。

实际上，在整个销售过程中，你需要用上五六种不同的脚本。比如，从开头最重要的 4 秒开始，你会用到一个脚本，这其中包括用以筛选客户的问题和你的转换。接着，从销售演示的主要部分开始，到第一次请求订单，你应用另一个脚本。再然后，你将用到一系列的反例脚本，这其中包括那些用来应对多种多样的日常拒绝理由的答案。最后，你要用到一系列的循环脚本，这其中包括能让你绕回销售过程，并把潜在客户推向更高水平确定性上的语言模式。

这把我们引导到销售过程中一个非常重要的因素，它将在脚本的长度、深度、需要花多少时间来重复以唤醒潜在客户的回忆等方面，极大地影响你的脚本使用。

我说的因素就是你正在使用的电话销售系统的类型，即在你第一次向客户请求订单前你打算跟他们交谈多少次？一次？两次？三次？还是四次？

不管怎样，电话销售系统背后的逻辑是前面的每一通电话都能充当跳板的角色，它们有助于你以更友好的状态和对潜在客户需求与痛点更深刻的认识进入接下来的电话销售中。电话销售系统使潜在客户对你提供的文件和链接进行考虑或者进行调查研究成为可能，从而有机会提高他们关于“三个 10”的确定性水平。

你不能指望通过打 3 次电话来完成打两次电话未能完成的事；所以我为一个使用“三次电话”系统的公司做咨询的时候，我总是要他们测试一下“两次电话”系统，当然同时也会教他们直线系统的其他内容，这也是他们聘用我的首要目的。最后，如果在你销售周期内与同一个潜在客户联系三次很困难，那么你实际缺少的是用来证明“两次电话”系统是否有用的测试。

也就是说，每一种产品或服务都有它自己预先设定的销售周期，每通电话之间相隔的天数是固定的。在某一段期间里，当你与一个潜在客户的销售周期超过了这些天数，销售就进入了死胡同，在一段时间后，你应当将销售力量分配到其他人身上——这个时间一般是 3~6 个月，有时甚至是一年，再长的话交易几乎就无法完成了。

这能避免一次又一次追逐同一个潜在客户的自我毁灭行

为。这种行为实际上对于没有学习过“直线系统”的人来说是很难避免的，尽管他们的潜在客户看到来电显示后就会拒绝接他们的电话。

这同样适用于一个“四次电话”系统。大多数情况下，“四次电话”系统较为复杂，这与需要与很多决策者打交道的现实有关——一次解决一个决策者，直到最后使最终的决策者在协议上签字。

另外一个常见的原因就是，购买一个特定的产品需要购买者付出他们自己宝贵的资源，要么是时间，要么是钱或者权力，又或者是所有这三项，以把新产品融入他们自己当前的生意中。所以，他们在虚线上签字之前，需要深思熟虑。

比如，在一个“四次电话”系统中，第三个电话的理想结果可能是潜在客户同意签一封意向书（在必要的情况中是一份保密协议），之后潜在客户和他的团队将更仔细地考察你的产品以确保它有你说的那么好。

此外，这也是销售中双方律师都会介入的环节——他们面对对方的变化时犹豫不决，并一边将原本简单直白的协议变得复杂到让人抓狂的程度，一边在这个过程中获取大量合法的费用。

现在，要清楚，尽管大多数律师是相当诚实的，但他们中仍然有很多习惯夸大其词的人，所以要小心，尤其是在你的任务与交易的整体利润联系在一起的时候！你应当找一个有能力的人对每一张发票进行仔细检查，找出任何看起来有一丝丝值得怀疑的东西（因为这绝对是无风不起浪）。

不管怎样，继续往前，一旦潜在客户在调查完产品后对你竖起大拇指，而律师也从客户那里赚到了足够的钱，那么你就得到了真正达成交易的机会，而这常常伴随着最终的协议、合同以及交付预付款等。

在这整个过程中要记住，在最终的协议签订前和钱货易手前，交易都没有结束，这也就意味着你需要和潜在客户保持联系，想尽一切办法把客户对“三个 10”的确定性维持在很高的水平。这包括给客户邮寄来自其他满意的客户的资格证书，以及能强化客户做了正确选择的想法的来自行业杂志、报纸、网站上的文章，你还可以偶尔发发邮件、有规律地打电话嘘寒问暖，以确保随着过程的推进，你始终与潜在客户保持友好和谐的关系。

我不想夸大这么做的有效性，但其效果确实很明显：通常只要 4~6 个星期就能结束这个过程，即使律师牵扯进来，且潜在客户不急着达成交易，也只需 3 个月。

然而，只要你能把潜在客户的确定性维持在一个很高的水平上，那么结果往往会比较好：你将达成大部分交易，完成你的任务。

但是，再次强调，在现实中有太多的变数了——你居住的国家、行业里存在的一些不成文的规定、你在公司内的晋升前景、你能从你做的事情中得到的快乐，因此，我能保证的就只有你会走在正确的道路上。

更重要的是，你需要确保在等待阶段，你和所有“就快上钩”的新客户的沟通交流都出自一个更长远的目标：这个交易已经完成了，你正在做的沟通交流是为了和客户建立长远的关系和做更多的生意。

实际上，很多失败的销售都应归咎于不称职的销售经理：销售经理事不关己地坐在一边，看着由毫无经验的销售人员组成的团队像无头苍蝇一样乱撞墙，在他们有机会请求客户下订单之前三番五次地去接触同一个人。如果销售团队里的销售经理经验丰富的话，那么他会建议销售人员把电话的数量减少到三个或者更少。

在那种情况下，不管你是企业所有者，还是销售经理，或者仅仅是销售团队的普通一员，你都需要密切关注销售周期内的电话数量，并着手尽可能地减少这一数量。实现这一目标最安全有效的方法就是每次减少一次电话，直到你找到一个平衡点，在这个点上，你的交易完成率有了很好的保障（因为旨在达成交易的销售电话的数量大幅上升）。

语言模式的力量

就像我在第二章中解释过的那样，直线系统基本上是完美销售的可视化演示。通过它，你说的一切，做的一切，旨在解释你的客户为什么应该从你这购买产品的所有例子都将得到潜在客户积极的正面回应，最后你向他们请求订单时，他们也会非常痛快地答应。

此外，掌握该系统后，每一个脱口而出的字都是精心设计过的，以实现一个首要的目标，那就是将潜在客户关于“三个10”中任何一个的确定性水平都提至最高，也就是确定性范围内的“10”。

你应当遵循以下顺序来帮助客户建立确定性：

产品第一；

你，也就是销售人员第二；

产品背后的公司第三。

至于逻辑和情感之间的关系，你应当先给出无懈可击的逻辑性案例，之后再给出无懈可击的感性案例。

为什么？

很简单，一开始就给出无懈可击的逻辑案例，能让你的潜在客户确信你没有胡说八道，而这能使他们放松下来，你也因此有机会在情感上打动他们。

一系列精心设计的直线脚本有助你实现这一目标——确保你知道在不得不说点什么时该说什么；语言模式根植于这些脚本中，它们就像大小合适的精心设计的信息块，每一部分都有自己特殊的用处。

比如，有用来创造逻辑性确定性的模式，有用来创造情感确定性的模式，有为“三个 10”中各自一部分创造确定性的模式，有降低客户行动门槛的模式和增加痛苦的模式。

总而言之，所有东西都有对应模式。

在销售的前半段，你的语言模式充当着语法规则中每一步骤的“锚”。在销售的后半段，你的语言模式是整个循环过程的基础，你说的所有东西都将围绕它们循环往复。

在电话开头运用的模式中，你介绍了你自己、你的公司，解释了你打电话的原因，同时用语调和肢体语言将自己塑造成一个专家，你控制着整个对话，并且开始使潜在客户沿着直线前进，直至完成交易。这些是创建一个强有力的自我介绍的基本规则。我们认为一次成功的电话销售需要具备以下特征。

从一开始就充满激情。

用熟人的口吻说话。比如，你不应说：“你好，请问琼斯先生在吗？”你应当说：“你好，是约翰吗？”

在最开始用几句话介绍你自己和你的公司，并在接下来的几句话里再次提到你公司的名称。

用有力量的字眼，比如“戏剧性的”“爆炸性的”“增长最快的”“最值得尊敬的”。有力量的字眼能很快吸引别人的注意力，有助于你把自己打造成一个专家。

用你的正当理由请求提问的许可（我在第 10 章已经阐

述过）。

你的下一个模式将使你平稳地转换到信息收集阶段，这一阶段涉及向潜在客户提问的许可以及你打算问潜在客户的所有问题，这些问题应当按正确的顺序排列，并配上最合适的语调。在此阶段，你还要积极倾听每一个潜在客户的回应，以确保从有意识和无意识的层面和他们建立友好和谐的关系。

下面是一些基本上在任何行业都通用的问题样本：

当前供应商的哪些方面让你喜欢或者不喜欢?

通常，一个潜在客户会有自己的供应商，并且，你可能不是第一个试图卖给他们新产品的人，因此这是一个非常合适的开场问题。

生意上让你最头疼的事情是什么?

在这里你要非常注意你的语调，因为这是你第一次直接尝试找出潜在客户的痛苦。如果你非常轻率地说："约翰，关于生意你最头疼的是什么？来，告诉我吧！"那么潜在客户会感觉你一点儿也不在乎他的烦恼。这儿合适的语调应该传递出你的真诚、担忧和帮助解决他问题的欲望，而当他开始谈论这个话题的时候，你可以通过以下问题放大那种痛苦：

"这种情况持续多久了？""你觉得事情在朝好的方向发展还是朝坏的方向发展？""你觉得两年之后你会怎么样？""这

件事对你的健康和家庭有什么影响？”

一般来说，你要确保你能让你的潜在客户愿意谈论他们的痛苦。这些问题对打开潜在客户的思想，以便让他们接受外部信息十分重要，而这些信息可以用来衡量他们的痛苦。

如果你能设计项目，什么样的项目是你最理想的类型？

这个问题在某些行业十分有用，但不适用于其他行业。运用该问题的关键是用一种基于逻辑的语调，就好像你是一个科学家，注意不要用感性的语调提出这个问题。

我们刚才提及的因素中，对您来说最重要的是什么？

你肯定想要发现潜在客户最迫切的需求，因为你只有满足这些需求才能说服客户购买产品。

我已经问了所有对您来说非常重要的事情吗？

如果你问了这个问题，那么潜在客户对你的评价会变高，只要你已经专业地完成了任务。你也可以这么问：“我还遗漏了什么吗？我可以做点儿什么来帮你找到解决方法呢？”

接着我们就到了介绍部分的结尾处，并将转换到销售演示的主体部分，所以让我们快速回顾一下这些不同的语言模式：

（1）当你介绍自己的时候，记得用一种熟人说话的方式，并且确保你听起来充满激情和活力。

（2）这个模式通用的话术包括："如果您记得，我们上周四在万豪酒店见过""如果您记得，几个星期前您寄了几张明信片""我们正在你所在的区域招揽客户……"。总而言之，你应当努力将这通电话与你第一次遇见他们的时间联系起来。

（3）这个模式非常重要，也是你打电话的缘由：你的正当理由。一般来说，一个好的正当理由可以大大提高你达成交易的概率。

（4）从这一步你进入了筛选客户的环节，你应当以请求提问许可开始这一工作。这里也要使用正当理由："只是几个简单的问题，不会浪费您的时间。"你需要申请资格筛选的许可。

（5）你介绍部分的最后一个环节应当是一个转折。"基于你对我说的一切，这个产品十分适合你"。这对你来说应该是一个锚，你应该从内心深处意识到这一点。

我无法给你关于销售演示主体部分的准确的语言模式，因为不同行业的语言模式差别巨大。然而，尽管如此，当我被一家公司雇来做销售训练时，我要求每一个销售人员自己为"三个10"中的每一个创造3~4个语言模式，然后我把它们都收集到一起，选出最好的语言模式来创造一个经典的脚本。

如果可能的话，我强烈建议你自己亲身体验一下——请你办公室的其他销售人员和你一起来做这个练习。

为此，我先给你提供一些为主体和结尾部分创造语言模式的有用的小窍门和操作指引。

（1）你完成从介绍部分到主体部分的转换后，在主体部分的最开始要说的应该是你产品、项目或者你正在提供的服务的名字。这有一个我为电影《华尔街之狼》写的例子：

“公司的名称为 Aerotyne International。这是中西部地区一家前沿的高科技公司，即将得到在军事和民用方面广泛应用的第二代雷达探测器的专利许可。”

（2）接下来的语言模式的长度应该不超过两段，且要聚焦于能直接满足客户需要的好处。（只提那一特征。）如果可能的话，试着运用比较和比喻的手段来阐述你的观点，因为它们比单纯罗列事实和数字更有效果。此外，如果你能从伦理上把上述模式与一个值得信任的人或者机构联系起来，像沃伦·巴菲特或者 J.P. 摩根，那么一定要联系起来。（同时，留意是否有名人已经使用过你的产品并且喜欢你的产品。）任何时候你都可以借用一个受人尊敬的人或者机构的可信度，你应该努力将它带到你的销售演示中来。

（3）在你完成一个模式之后，你应该说："您能跟得上我吗？"只有在得到潜在客户肯定的回答后你才能继续往前，否则你将会破坏你们之间和谐友好的关系，进入死胡同。但是一旦他们认同你，那么你已经完成了一个完整的语言模式了。

（4）现在，重复一次第二步和第三步，然后再重复一次，但也只能重复两次，否则你将冒着吓跑客户的风险。永远记住，你是在搭建框架，所以不要一次性把你的信息都说出来。

（5）当快要结束的时候，你应该试着制造一些紧张情绪，从而促使客户立即购买。如果你处于一个资源不是很紧缺的行业，那么至少试着用语言上的稀缺性来暗示紧迫性。但是不要创造假的稀缺性，那样不好。

（6）我们从解释购买过程是如何简单开始从主体部分转换到结束部分。（你要使客户相信他们得到的收益高于所付出的能量。）

（7）接着，你在毫无旁敲侧击的情况下，直接请求客户下订单。我强调这一点，是因为在花了10年时间训练销售人员后，我发现大部分销售人员不太习惯于直接请求客户下订单。他们要么旁敲侧击，要么留一个开放式的结局，好像他们希望潜在客户会直接跳出来说他们会买一样。实际上，很多研究认为销售人员请求订单的最佳次数应该在 5~7 次之间。

然而，我个人强烈反对这一观点，我认为那个数字是没有被好好训练的销售人员用一种相当无效的方式处理结束过程的产物。当你使用直线系统的时候，三四次已经足够了。记住，不是强迫客户做出错误的决定，而是用直线系统从逻辑上和情感上在潜在客户的脑海中建立确定性，然后用一种舒适、优雅的方式请求对方下订单。

以下是一段经典的结束语模式：

给我一个机会试试，相信我，如果有问题，那么唯一的问题就是我没有在 6 个月之前就给你打电话推销。听起来很不错吧？

所以，现在你知道了：构建顶级脚本的基本框架能帮你做好完成交易的准备。

一旦你完成了建立脚本的过程，并且完成了草稿，那么就只剩下两件事了：

训练和演练。

你要花时间大声读出你的脚本，不断练习直到能无意识地逐字背诵。

现在，我不期望你能一次就做得完美，但是我要告诉你的是脚本的撰写中有非常强的“较好因素”，意味着即使你的脚本写得一般，它仍然会极大地提高你达成交易的概率。

我经常被问及的问题是：“我应该在什么时候使用我的脚本？”我对此的回答是：“一直使用！”

不管你是面对面销售还是电话销售，你都应该一直使用脚本。如何使用脚本呢？

非常简单——记住它。

就像我说的，我对我的脚本非常熟悉，可以说是倒背如流。记住，人类的交流，10%是语言，剩下的90%是语调和肢体语言。通过记住我的脚本，我解放了我的有意识思维，使其关注剩下的90%。

所以我也希望你不断把脚本读给自己听，以确保所有的语言模式和转换都是绝对无纰漏的。那会花费一点儿时间，但是我保证是非常值得的。

第 12 章

循环的艺术和技术

从我创建直线系统的那天开始，我不断向参加培训的人灌输的核心原则之一就是：直到潜在客户第一次拒绝你时，销售才真正开始，只有到那时，你才有机会撸起袖子，赚到钱。

为此，不管你卖的是什么产品，当你第一次向潜在客户请求订单的时候，他们回应你的往往只有三种方式。

他们可能会说：

好的——这意味着交易达成了，是时候做好文书工作并收款了。

一般来说，这些就是我在第二章讲过的现成交易：潜在客户在销售前已经被预销售过了。作为销售人员，我们喜欢遇到这样的客户，但是从实际的角度看，这样的客户太少了，不能在他们身上下太多注。

关键是要管理好你自己的预期。

在没有期望这类客户出现的情况下，当他们出现时，你会感到十分幸运。这能确保你以与销售前半段同样水平的确定性和同样的积极心态，进入销售的后半段。

不——这意味着潜在客户一点儿也不感兴趣，是时候结束这次销售，寻找下一个客户了。

在现实中，如果你正确地执行了直线系统语言模式的步骤，那么你应该不会被“我不感兴趣”这样的借口打击。毕竟，在资料收集阶段你就已经把不感兴趣的客户剔除了。

换句话说，在这个时候你要关注的只有那些资料收集问题的答案显示不仅对你的产品感兴趣，并且也能负担得起费用的人。

所以，那些潜在客户会突然在你跟他们讲了适合他们的一系列好处之后同意交易就不足为奇了，这从逻辑上是说得通的。

至于精确的比例，你不应该期望过高，有个 1%~2% 就不错了，跟你遇到的现成交易一样。

也许，这意味着潜在客户正在纠结中，他们可能做出任何一种选择。这种情况涉及销售人员在销售的后半段能遇见的所有常见拒绝理由。

偏移的艺术

假如你是一个股票经纪人，你的工作就是打电话给有钱的投资者，并说服他们在你的股票经纪公司开立一个新的股票账户。作为开户生意，你推荐了微软公司的股票，该股票当时的市价是每股 30 美元，而开立一个新账户最少需要 3 000 美元，也即 100 股微软公司股票。

运用一个标准的“两次电话”系统，你达成交易的概率是 30%，这意味着，打第二次电话时，你能与 10 个潜在客户中的 3 人达成交易，而这 3 人基本都会在你第三次或者第四次请求订单后实际购买。

从开始到结束，销售的前半段大约只有 3 分钟，销售的后半段则有 15 分钟，对你来说，销售的前半段可能太短了，但是要记住，通过“两次电话”系统，基本上你的信息收集工作和最初的友好关系建立在你打第一次电话时就完成了，而这会为你的第二通电话奠定一个很好的基础。

我不是说你打第二通电话的时候不需要花点儿时间来再次与潜在客户建立友好关系，但是那整个过程不应该长于 1 分钟。

以比尔·彼得森为例，第二通电话应当包括以下步骤：

（1）通过称呼他的名字“比尔”开始对话，然后快速介绍你自己——介绍你的姓名、你公司的名称及其地址，并问候比尔今天过得怎么样。记住，从你说出第一个字开始，你的语调必须积极乐观，仿佛满腔热情喷涌而出。

（2）提醒他你们两个在几天前或几个星期前见过面、你给他发过有关你公司概况的邮件。我重复一遍，不要问他是否真的收到了邮件或者阅读过那封邮件，因为如果他给出否定的回答，便得到了一个逃离销售的机会。为避免这一情况发生，只要简单地问他是否“记得”，他一般会回答“记得”。

（3）一旦他回答“记得”，那么简要提及一下上次他要你有绝佳的投资机会就给他打电话时你的回答。

（4）如果他回答“不记得”，那么表现出一点点惊讶的样子，再把这归咎于他每天要收到无数的电话和邮件，接着使他相信你确实那样做了：真的与他交谈过，真的给他发过邮件；但是没必要担心他忘记的那些信息，因为那仅仅是有关你公司的一点儿背景资料。然后完成第三个步骤——提醒他，他曾要你下次有投资机会的时候给他打电话。

（5）向他解释一下投资机会的来龙去脉，并使他相信你提供的这些机会是非常珍贵和有价值的，如果他能给你60秒，你愿意与他分享你的想法。

（6）通过用“讲道理的人”的语调说一些类似“能给我点儿时间吗”这样的话结束你的介绍部分。

以下是为第二通电话量身定制的脚本，以及潜在客户典型的回答：

你：你好，比尔在吗？

潜在客户：我就是。

你：你好，比尔，我是约翰·史密斯，从华尔街的某某证券公司打来。今天怎么样？

潜在客户：很好。

你：太好了！比尔，如果你记得，我们几个星期之前见过，我也给你发过有关我公司某某证券公司概况的邮件，以及一些我们最近推荐的股票链接。还记得吗？

潜在客户：嗯，是的，有点儿印象。

你：很好！比尔，我们最后一次交谈时，我答应你当我有一些上涨潜力大、下跌风险小的投资想法时联系你。今天打电话是因为有些机会突然来了，这些机会也许是我过去6个月内碰到过的最好的机会。我想与你分享一下。有时间吗？

就是这样。

按照前一章节脚本创建讲到过的规则和指引，你可以顺利地转换到销售演示的主体部分，然后你可以顺利地通过第一次直接请求订单结束销售的前半部分，记住，此时不要旁敲侧击或语焉不详。你要做的就是坦率地请求订单，你可以说一些类似这样的话："比尔，我想要你做的是：以每股30美元的价格买入10 000股微软股票。你可以支付30万美元现金，或者先支付 15 万美元的保证金……”然后完成你的结束语。

事实上，这是一笔比你期望的大得多的交易，但是，只有在第一个回合就要求如此高的数额，你才有机会在每一次新的尝试时逐渐降低金额——在最后一次尝试达成交易时，提出你公司开设新账户要求的最低金额。

在一般的销售话术中，我们把这一策略称为减价销售，它是一种非常有效的交易达成方式，通过它你可以很容易地逐渐提高或者逐渐降低购买金额。比如，在比尔的例子中，当你第二次向他请求订单的时候，你可以把 10 000 股降低到 5 000 股：在将交易达成等式中的外部收益部分提高后，等式中的内部消耗部分也降低了 50%。这形成了能极大地提高你交易达成率的相当有力的双击。当然，在你的第三次努力中，你可以将数额降低到 1 000 股……在第四次尝试中降低到 500 股，一直到公司开立新账户需要的最低要求。

记住，在你第一次达成交易的尝试中，你完全有可能被拒绝，所以你的内心独白会说：“哎，跟预期的一样！不确定性的烟幕弹！是时候撸起袖子加油干了！”至于潜在客户选择哪一种拒绝理由，一点也不重要，因为你应当用几乎同样的方式来回应所有拒绝理由。

比如，假设比尔回答道：“听起来很有趣。我考虑一下。”

你应当用典型的直线回复来应对这一拒绝理由，那就是：“我听到你说的了，比尔，但是请允许我问你两个问题：这个想法对你来说有意义吗？你喜欢这个想法吗？”

同样的，如果比尔说：“我需要同我的会计师商量一下。”那么你应对的方式也是：“我听到你说的了，比尔，但是请允许我问你两个问题：这个想法对你来说有意义吗？你喜欢这个想法吗？”

再或者，如果他说：“这是一年中的糟糕时刻。”那么你应对的方式也是：“我听到你说的了，比尔，但是请允许我问你两个问题：这个想法对你来说有意义吗？你喜欢这个想法吗？”

换句话说，不管潜在客户用来拒绝你的理由是什么，你都应用同样的方式回答他。

你要说：“我听到你说的了，比尔，但是请允许我问你两个问题：这个想法对你来说有意义吗？你喜欢这个想法吗？”

现在，你要考虑的是如何偏离对话，而不是直接回应他的拒绝。

特别要注意的是，你首先要表明你已经听到了比尔对你说的话，以确保他不会感觉自己被无视了，因为感到被轻视会导致友好关系的破裂，然后你应当把对话转换到更有成效的方向，那就是弄清楚他对你的产品处于确定性范围内的哪一位置。

在“直线系统”的销售话术中，我们将这一过程称为偏离，它包括直线语法的第六个步骤。一般来说，当你需要偏离潜在客户的初次拒绝时，你应当通过两个步骤来避免正面回答：

步骤一包括一个简单的 7 个字的语言模式：“我听到你说的了”，你应当用“讲道理的人”的语调说出这句话。

你的话让潜在客户知道你已经听到他的拒绝理由了（你没有无视他的存在），你的语调让潜在客户知道你充分尊重他对你说“不”的权利，而这能让你们仍然处于紧密的友好关系中。

步骤二包括另外一个简单的语言模式——请允许我问你两个问题：这个想法对你来说有意义吗？你喜欢这个想法吗？你应当用“把钱放一边”的语调说出这句话。

通过上述步骤，你能把对话重新引向一个更有成效的轨道，在这个特定的案例中，就是弄清楚比尔对于微软公司股票现在合适买入这一看法的确定性水平，但是你的语调要确保你的问题没有给他压力。也就是说，如果他承认他喜欢你的想法，你不应利用这一点来针对他，强迫他立即做决定。如果他感到有压力，那么在回应你时就会极大地压低他的热情，这也是你在这个时候最不想潜在客户做的事情。

为什么？

十分简单，尽管在销售的前半部分，一个基本的“是的”已经足以推进销售，但在销售的后半部分你仍然需要一个热情的“是的”来推进销售。

原因就是潜在客户说“是的”时的热情程度是你判断他对“三个 10”中每一部分确定性水平的主要方法。

举个例子，对于你对他拒绝理由的偏离，比尔用一种矛盾的语调说：“是的，听起来很不错。”

现在，有一个非常重要的问题：比尔的回应还有他那矛盾的语调会把他放在确定性范围内的哪个地方呢？是3、5、9，还是10？

好吧，显然不是10，对吧？

毕竟，当潜在客户处于10的位置时，你绝对会知道的。他的回答听起来会像这样：“是的，绝对！我完全明白了。我喜欢这个想法！”一般来说，他积极的态度会非常明确，以至于他的语言和语调会将他高水平的确定性暴露无遗。

对处于确定性范围内1的位置的潜在客户来说，情况同样明显，即使是在刚好相反的方向。在这种情况下，他的回答听起来会像是这样的：“不，一点儿也不。我觉得这是我听过的最愚蠢的想法。”这通常还会伴随非常反感的语气。

然而想一眼识别处于中间位置的潜在客户就有点儿难度了，他显然不在2的位置也不在3的位置，因为来自这两个位置的回答会比比尔的回答更消极，反过来，他显然也不在8的位置或者9的位置，因为来自这两个位置的回答会比比尔的回答更积极。

那么他究竟在什么位置上呢？

根据比尔的回答，他究竟处于确定范围内的什么位置呢？

我说一眼直接识别这些中间水平的潜在客户会有一点儿难

并不是在说笑，根据他说的话和说话的语调，我认为他处于 5 或者 6 的位置。

根据这些信息，以及我多年判断潜在客户不同确定性水平的经验，如果需要选择一个数字，我会把比尔放在 6 而不是 5 的位置，尽管任何一种选择都不会影响结果。

刚才，我故意啰唆地讲了一个非常重要的观点，那就是循环既是科学又是艺术，所以没必要逼着自己根据潜在客户的回答，发了疯似的去弄明白潜在客户准确的确定性水平。

只要你能弄清楚他大概的确定性水平，你就有足够的信息来判断自己是否能安全地坚持到最后，或者是否需要回到销售的前半部分来提高潜在客户的确定性水平。

话虽如此，即使我把比尔的回答放在确定性范围内 6 的位置上，你能沿着直线走到最后吗？

答案是不能，绝对不能。

所以，对比尔或者你的任何一个潜在客户来说，一旦要认真考虑用他们好不容易赚到的钱来买东西时，6 的确定性远远不够。不管他们要买的是 30 万美元的微软股票还是 500 美元的低价股；是一辆 12 万美元的奔驰汽车还是 500 美元的十速自行车；是一个 9 万美元的最先进的家庭影院系统还是一个 399 美元的 42 英寸的平板电视；是一个 7.5 万美元的速食餐厅的特许经营权还是 997 美元的直线系统的家庭学习课程。

所以，与其继续向前、努力完成交易，不如回到销售的前半部分，回到你刚刚完成直线销售演示主体部分的地方，做一个建立在一开始演示时构建的无懈可击的逻辑案例上的后续演示。

一般来说，你要在后续的演示中用你最吸引人的利益和一贯的主张，把框架变成一个无可争议、不可辩驳的逻辑案例，同时用先进的“附和，附和，引导”的语调技巧开始建立情感上的确定性。

通过这一特殊的模式，你能同时达到两个重要的目标：首先，你能把潜在客户的逻辑性确定水平尽可能地提高到接近10的位置；其次，你能开启把潜在客户的情感性确定水平尽可能提高到10的过程。

让我们从比尔的回答开始，逐步回顾一下这些过程。

比尔说道：“是的，听起来非常棒。”

对于这一回答，典型的直线回复则是：“确实——这的确是一笔很大的买卖！实际上，真正美好之处是……”接着你应当直接进入后续演示的主体部分。

如果潜在客户用一种你只能把他放在确定范围内4的位置上的稍微有点儿蔑视的语气说：“我想是的。听起来还不错。”那么你仍然应该说：“确实——这的确是一笔很大的买卖！实际上，真正美好之处是……”

如果他用一种能显示他处于确定范围内8或者9的位置的充满激情的语气说：“绝对是！听起来是一个非常不错的投资机

会。”那么你应该说：“确实——这的确是一笔很大的买卖！实际上，真正美好之处是……”

大体上，就像偏移的过程一样，不管潜在客户如何回答，也不管他的答案暗示他处于确定范围内的何种位置，你都要用同样的话来回答，但是，你的语调要有变化。

让我快速解释一下。

还记得我跟你们讲过的我儿子卡特从足球练习回来后特别沮丧的例子吗？想想我是如何通过运用“附和，附和，引导”的策略让他很快就平静下来的。

那就是你们现在要做的——从策略的第一步开始，即进入潜在客户所在的世界，附和他，再附和他，接下来引导他到你想要他去的方向。

比如，由于比尔回答时的语调在确定性范围内 6 的位置上，你就不应该用 10 的位置上的语调回答他。（如果你那样做了，那么你们之间的友好关系立马会被打破，你也会被认为是一个高压的销售人员。）相反，你应该用比 6 稍微高一点儿的位置的语调回答他，如 6.2 或者 6.3 上的语调，这样你就能轻轻地推动他往你想要他去的方向前进，但你仍然要留意他内心活动的变化。之后，你将转换到后续演示的主体部分，在这一部分，你要附和他，再附和他，然后通过逐步提高你语术里的确定程度慢慢地将他引向你想要他去的方向——看准时机以便你能在半路达到确定性的峰值，接着你应将这一确定的情绪保持到最后。

有一种情况例外，那就是潜在客户的回答在确定性范围内3以下的位置。在那种情况下，你应该马上停止销售、开始寻找下一个潜在客户。毕竟，如果一个潜在客户在你展示完无懈可击的逻辑案例后对你的产品仍然持消极的态度，那么他就不是一个真正的购买者。实际上，你很有可能正在和一个旁观者或者有着怪异幽默感的人打交道，因为按道理，那种程度的消极性应该在信息收集阶段就被发现。

也正是如此，在这个节点上，确定性低于3的回复是非常少的。大多数情况下，你是在和处于5和7之间的回复打交道，5和7这两个位置上的回复差不多各有10%。

要记住，判断潜在客户落在确定范围内的哪个位置上不是一门精准的科学，所以你需要运用你的常识。比如，如果你判断客户在确定性范围内处于2的位置，但是你内心深处的某些东西告诉你他仍然可能是一个购买者，那么你要用怀疑的语调将他的回复向他重复一遍，然后再问他那是否就是他对产品的真正看法。如果他的回答在5之上的任何一个位置，那么你可以继续推动销售进程，尽管如此，仍然要谨记不要努力把“不”变成“是”的哲学，任何在3以下位置的回复都应被砍掉。

当然，从另一个方面讲，你可以将任何一个给出高于3的回答的潜在客户带到后续的演示中去，每次都要用同样的语言模式应对他们。

你要说："确实——这的确是一笔很大的买卖！实际上，真正美好之处是……"然后直接进入后续的演示，后续演示必须要非常引人入胜，你要确保即使疑心最重的客户听了之后也只能选择相信。

严肃地讲，这一语言模式的重要性怎么强调都不过分。它需要从每一个角度都完全说得通——数学、经济、逻辑、价值主张、利益群体、痛苦识别力、能量消耗、最大化和最小化策略、正当理由、箴言、对比、比喻、值得信赖的数字的有效运用，然后你还应该运用"附和，附和，引导"的策略来建立情感上的确定性。

为了完成这一模式，你每次都要问潜在客户同样的问题（在"附和，附和，引导"策略中保持你高亢的语调），这能让你预测第一个"10"上的确定性。你可以这样问："比尔，听到我说的了吗？你喜欢这个想法吗？"

鉴于你已经将最消极的回复者清除出去了，在这一节点上，你至少会得到一些"是的"的回答。然而，问题是，一个基本的"是的"已经不够了，因为你现在正在做的是在撬动比尔的购买策略。

像所有潜在客户一样，比尔的购买组合中有 5 个数字。也正像所有密码锁一样，你不仅需要知道所有 5 个数字，而且还要知道它们排列的顺序。

作为营销人员，你第一个要破译的数字是第一个“10”（客户产品的确定性水平），为了破译它，你需要听到潜在客户确定性至少处于8上的回答，离10越近，你就越能确定自己得到了正确的数字。然而，得到潜在客户确定性处于10的回答有时是非常难的，因为一个真正的10代表一种完全确定的状态，这种确定几乎达到了坚信的程度，而坚信不会产生于一瞬间，它需要时间来形成，它需要在没有矛盾信息的情况下重复暴露在同一个想法前。

所以，客户确定性水平能否达到10的位置取决于你正在销售的产品。举个例子，如果你销售的是广为人知的产品，比如苹果手机、梅赛德斯–奔驰S级轿车、脸书的股票、微软的技术支持、东方快车的火车头等舱车票、梅奥医学中心从头到脚的检查，那么你将有很大的机会使潜在客户到达确定性范围内10的位置。反之，如果你销售的是没有人听说过的杂牌产品，那么10的确定程度则无异于天方夜谭。

另外一方面，9的确定性水平常常是可以争取的。实际上，除极少数例外情况，你一般都能使客户达到确定性范围内9的位置，你接触过的99%的客户都能达到这一水平。至于剩下的那1%，你也可以与他们达成交易，谈论购买组合的第四个数字（行动门槛）时我会绕回到这些客户。

所以，就像说过的那样，你结束后续演示的方法是通过以一种十分热情的语气对比尔说：“比尔，你听到我说的了吗？你喜欢这个想法吗？”

由于你创建了那个不容置疑、无懈可击的逻辑案例，以及你对“附和，附和，引导”战略的成功运用，比尔的回答将会是你期望的（如果后续演示质量仍然过关，并且你恰当地运用了“附和，附和，引导”策略的话，你能从大多数潜在客户身上得到你期望的回答）。比尔会用一种热情的语气回答：“绝对是！我喜欢这个想法！我完全明白你的意思！”接着你用和比尔一样的语气回应道：“确实是！这个股票现在正是买的时候。”就这样，你一举达成了目标——从逻辑上和情感上打动了客户。

现在，一个简单的问题：

假设你刚把比尔的逻辑性确定程度提高到了 9，把他的情感性确定程度提高到了 7，那么你是不是可以努力一把，再次请求他下订单了呢？如果比尔的行动门槛比较低，那你是不是就有机会有惊无险地达成交易呢？

答案是否定的，绝对不可能。

你看，尽管比尔的第一个“10”的确定性水平可能已经高到足以让他有理由购买了，但在销售的这个阶段，你要做的应该是使他的注意力转移到第二个“10”上来，那就是对你的确定性水平。因为如果你想完成交易，那么你必须让比尔信任你、在一个比较高的水平上与你产生共鸣。尽管你已经建立起来的友好关系会有助于那种共鸣的产生，但仍然缺少能使比尔信任你到可以爽快购买的正当理由，因此你必须创造一个理由。

为此，你要用到两种非常有力的语言模式，你要让它们协同并进，将潜在客户对第二个“10”的确定性快速提高至一个非常高的水平，同时使你无缝转换至第三个“10”。

让我们一个一个地来讲述——从比尔对你后续演示的回应开始（这一回应显示他对第一个“10”的确定性水平为9）。

“绝对是！”他声称，“我喜欢这个想法！我完全懂了！”

“确实是！”你回应道，“现在正是买这只股票的时候。”

就这样，你正式结束了最后一个模式，现在你可以将它作为新的语言模式的铺垫了——中间停顿一会儿，以弱化语调从绝对确定到神秘和挑逗的突然转变。

你看，你正准备用神秘而又挑逗的语调通过一种能使比尔听到如下没有说出的话的方式向比尔提出一个非常深奥的问题：“一个非常有趣的问题突然出现在我的脑海中，不知道从哪里冒出来的，显然它与我最后一个问题完全没有关系，也与你关于喜欢我的产品的答案没有关系，所以尽管回答我，就像我在真空中向你提问一样！”

当然，这都不是真的，你不会说这样的话：但是仅仅推测一下，通过语调的变化，你可以打消潜在客户可能会产生的疑虑，尤其当他们要指出更多的疑虑时，现在开始：

“确实是！”你完成最后一个模式后答道，“现在正是买这只股票的时候。”停顿一会儿，切换到神秘而挑逗的语调，接着说：“现在，比尔，请允许我问你另外一个问题。”接着切换到“把钱放一边”的语调：“如果过去的三四年我是你的经纪人，并不断地帮你赚钱。”现在切换到明显的暗示语调：“那么你可能不会说‘让我考虑一下’，你会说‘至少帮我买几千股’。”接着切换到“讲道理的人”的语调，继续说道：“我说得对吗？”

你会发现至少95%的潜在客户会向你坦白，他们会说一些简短而又柔和的话，比如，“是的，我会的。”“很明显！我的意思是，谁不会呢，对吧？”“是的，那将会是完全不同的情况。”

不管你最终听到的回答是什么，你应当意识到：你的潜在客户刚刚已经承认，此刻信任的缺乏对他来说才是真正的问题。

换句话说，一旦潜在客户开诚布公地承认他们喜欢你的产品，那么他们大胆承认阻碍他们最终下决定购买的是缺乏信任的重要性就大大提高了，并且，更进一步说，一旦他们承认是信任的缺乏，而不是随意找的拒绝理由阻碍了他们的购买，你就已经触碰到直线系统的核心了——抛开所有的搪塞和烟幕弹（这些会导致一般的销售人员陷入破坏和谐的死循环），你才能弄明白真正阻碍潜在客户的东西到底是对“三个10”的确定性不够，还是过高的行动门槛或过低的痛苦门槛。就是这样。

对于那5%令人讨厌的拒绝你假设的潜在客户来说，缺乏的则是信任，那些拒绝借口基本都是烟幕弹。对他们，你无计可施。

很显然，你不应用恼怒的语调严厉地对比尔说："等等，白痴，不要再绕圈子了。"相反，你要用一种讥讽的语调，混杂着怀疑。你应当用一种会赢得他尊重的方式使他停止胡言乱语。你应该说："等等，比尔，你是在告诉我，如果我让你在 7 美元的时候买进联合碳化物公司的股票，32 美元的时候卖出；16 美元的时候买进美国钢铁公司的股票，41 美元的时候卖出；70 美元的时候买进脸书的股票，130 美元的时候卖出；那么你就会信任我了吗？"

这种情况下，比尔，还有剩下的 5% 的客户就会老实交代，他们会像其他 95% 的潜在客户一样回答："好吧，在那种情况下的话，我会。"唯一的区别就是他们回答时会有一点点防御情绪，好像答案的突然改变不是他们的错一样，错的是你突然改变了问题。他们的语气好像在说："你为什么不早点问我这个问题？"当然，真正的问题是他们没想到你会改变提问策略，所以最后他们试图挽回点面子。

不管怎样，现在你的处境不错，当你切换到下一个模式时，他们的防御很快会瓦解，从你成功重构了销售的本质开始，你就处在了达成交易的有利位置。

你看，比尔最开始的拒绝理由是"让我考虑考虑"，像其他销售人员一样提出那些无效的问题是徒劳的，出其不意地改变提问策略却可以帮助你控制整个销售过程，并撬动他购买策略的锁。

你的潜在客户完全惊呆了，因为你和他打交道的方式和他之前经历过的完全不一样。请牢记：他拒绝你的真正原因是他不了解你、缺少信任你的基础，你需要用一种优雅得体的方式指出这一点。现在你要做的就是想出一个解决的办法，这意味着说服一个你刚认识五六分钟的人、一个你可能都没亲眼见过的人、一个可能住在国家另一边的人，你要让他在接下来的 60 秒内对你产生充分的信任。

这看起来是一个非常艰巨的任务，对吧？

但是，信不信由你，得益于一个非常神奇的语言模式，要完成这一任务其实并不困难，这个神奇的语言模式得名于一个智商只有 65，但 3 次被邀请到白宫领取包括一个有关中国乒乓外交政策的奖项在内的荣誉的人。

你可能还没有猜到是谁，我说的这个杰出人物不是别人，正是擅长打乒乓球和越野跑步的阿甘，他的 6 岁孩童的智商为以他名字命名的语言模式提供了灵感：阿甘模式。

影片《阿甘正传》开头有一个场景，上学的第一天，阿甘正在等公交车，他戴着腿部支架站在那儿，凝视前方，就像平时一样。接着，突然，公交车来了，车门立马打开了，阿甘望向司机，司机也俯视着他，他就站在那儿，像一只被前车灯吓傻的鹿，他没有上公交车。

公交车司机，一个粗暴的妇女，嘴里叼着一支烟，显然没有意识到她正在和谁打交道，所以她用生硬的口气说道：“你上不上车？”

阿甘回答说：“妈妈说了不能搭陌生人的车。”

就在这时，她才意识到正在打交道的人是谁，公交车司机缓和了一下语气说道：“嗯，这是去学校的公交车。”

但是，那仍然没有解决阿甘的问题：公交车司机是个陌生人，所以他还是站在原地，看着那个坐在车上的女士，不知道要怎么做。

突然，阿甘有了一个好主意，他想到了一个方法，用最简单的话语来打破这个僵局。他说道：“我是福里斯特，福里斯特·冈普。”

阿甘简单的处理方式给公交车司机留下了深刻印象，公交车司机温暖地笑了，回答说：“我是多萝西，我是你的公交车司机。”

于是，阿甘回答说：“好吧，我觉得我们不再是陌生人了。”完全放松后，他上了车。

这是一个非常简单的例子，但是其中蕴含的道理却很深刻。你看，这就是人类。每当到达临界点的时候，我们往往可以在几秒钟内就对他人从绝对的怀疑变成百分之百的信任。但是，如果仔细分析一下这两个极端之间的变化，你会发现真相往往存在于中间的某个位置，尤其是在销售场合里。

比如，这么多年来，我已经亲历过无数次这样的情景：潜在客户一开始持怀疑态度，甚至到了充满敌意的程度，但 30 分钟后则会给我奉上一份大餐，他会给亲戚朋友打电话告诉他们他刚刚是如何遇到了世界上最厉害的抵押经纪人，他们也应该找我重新融资，尽管我还没做任何承诺背书。

再说一次，这就是人，尤其是在销售场合。信任的钟摆开始摇摆后就会一直摇摆。使之摇摆的关键是在开始销售前花时间做一个强有力的阿甘式模板。

所以，现在让我们回到我们之前离开的地方——当比尔承认确实是信任的缺乏而不是他给出的理由阻碍了他。尽管他的回答简短而温柔，但那并不能抹去其复杂性。实际上，他的回复不仅标志着销售上的重大转折点，也标志着你将要开始使用下一个模板了。

你应当用充满遗憾的口吻说："现在，我明白了。你不了解我，我也没有什么光辉的历史，那就让我花点时间重新介绍一下我自己吧。"

"我的名字是（你的姓名），我是一个（你的头衔），来自（你公司的名字），我在这家公司（真实的数字）年了，我因……而感到骄傲。"

接着你要告诉潜在客户你本人的一些情况——获得的学位、驾照、特殊的才能、获得的奖项、你在公司的奋斗目标，你还应当告诉他们当涉及道德、正直和客户服务时，你将如何长期帮助他们及其家人。

此外，和花时间写出一份尽可能好的自我介绍一样，你也需要准备第二个版本和第三个版本。这能确保万一销售出现拖延，你不得不执行额外的循环战术的话，你仍然能聪明机智地谈论自己的情况。

所以，现在你已经重新推销了自己的产品（“三个10”的第一部分）；你已经重新推销了你自己，（“三个10”的第二部分）；那么是时候重新推销产品背后的公司了（“三个10”的第三部分）。你要做的就是从阿甘模式直接切换到一个设计好了的新模式，也就是提高潜在客户对第三个“10”的确定程度。

换句话说，当你到达阿甘模式的结尾时，与其问潜在客户一个问题（就像你在前面的模式中做的一样），不如直接进入重新推销公司的新模式——用下面这7个字来转换：“就我的公司而言……”

假如你用在比尔身上的阿甘模式的最后一步是你不仅会告诉他什么时候买入股票还会告诉他什么时候卖出股票。接下来你应当这样进行转换：

> 我不仅会引导你开展这项生意，还会确保你受益。就我的公司而言，某某证券公司，是业内受人尊敬的公司之一……

一般来说，这是一个毫无漏洞的转换：重新推销第三个“10”紧跟在重新推销第二个“10”之后。

为了给第三个“10”创建一个完美的语言模式，你应该遵循我刚才为创建阿甘模式设计的同样的规则：花尽可能多的时间，从逻辑和情感的基础上撰写尽可能完美的公司介绍文本，另外，为了安全起见，我希望你准备好第二个版本和第三个版本以确保你在进行额外的循环时不会词穷。

至于细节，你要说一些类似这样的话：“我们在这一领域做得最好……我们在这个业务上增长得最快……我们是这个领域一流的专家……董事会主席，某某，是某某行业最有智慧的人……他完成了……工作，他围绕……建立了这家公司。”结束这一模式时，你可以说一些这样的话：“所以，比尔，不如我们……”或者“所以，我要求的是……”然后直接进入正题，第二次请求对方下订单。

此外，如果可能的话，你可以考虑试着将交易规模逐步降低，因为这绝对会提高你的转化率。一般来说，你让潜在客户“小试牛刀”后，如果他们看到了你的工作成效，那么下次就更可能接受大手笔的交易了。

下面这些语言模式对逐步下降法非常管用：

“如果你给我 1% 的信任，那么我会赢得剩下的 99%。”

“坦白说，这样小的订单，佣金在与公司分成后，到我这就没多少了。”

“很显然我不会因为这一单发家致富，但是，这可以为以后的生意奠定基础。”

要清楚，即使你卖的产品不适用逐步下降法，那也改变不了这样一个事实，那就是在直线的这个点上，很多潜在客户会选择购买你的产品，对那些行动门槛比较低的人来说，破解他们购买组合的前三个数字通常已经足以达成交易了。

平均下来，在一次简单的循环后，那些首次拒绝你的潜在客户中，大约有 20% 的人会在这时同意交易。然而，剩下的人会更难搞一些，你需要在说服上多花一点儿精力，你应当通过额外的循环，解决以下三个领域的问题：

（1）提高客户对“三个 10”中一个或者多个的确定程度。

（2）降低他们的行动门槛。

（3）提高他们的痛苦门槛。

执行你的第二次和第三次循环

恭喜！

到这个时候，你该经历拒绝轮番轰炸的不愉快了。比如，那些一开始表示要考虑一下的潜在客户会突然提出还要同他们的配偶和会计师谈一谈，或者他们会要求你寄些材料，又或者他们会告诉你这是一年中最糟糕的时候。

对绝大多数销售人员来说，被一个拒绝理由迎头一棒已经足以把销售送入死胡同了。然而，当他们受到第二次拒绝的打击时——和第一次一样，仅仅是不确定的烟幕弹——事情开始变得滑稽。

你看，当遭遇第一次拒绝时，一个典型的销售人员会用准备好的反驳理由进行回应——精心设计好的用来对付拒绝的理由，接着他们会再次请求订单。当然，这存在的问题是，销售人员不知道，他们刚才给出的答案只对真正的拒绝有效，而无法对不确定的烟幕弹起作用。结果，销售人员的反驳对潜在客户起不了任何作用。

所以，潜在客户做了什么呢？

他们对令人尊敬的销售人员坦白了，并且说："听着，兄弟，你可能知道我用来打击你的这些拒绝理由并不是真的，它们仅仅是不确定的烟幕弹。我只是认为说'让我考虑一下'比真正阻碍我的'我不信任你'更有礼貌。顺便提一下，这无关私人恩怨，仅仅是因为我刚遇到你，所以自然会有这种感觉。"

"另外，实际上，我对你的产品也不是百分之百地确定。我的意思是，它听起来不错，但是我需要对我要买的产品多一点儿了解。"

显然，如果你的潜在客户能这么坦白，事情会好办很多。你就可以开始关注真正重要的事情，也就是能提高客户对"三个10"确定程度的那些东西，如果有必要的话，降低他们的行动门槛、增加他们的痛苦。然而，不幸的是，事情往往不是这样的。

他们没有坦白，而是采取了最简单的方法，给出了另一个拒绝理由。

那么，销售人员做了什么呢？

像狗追着自己的尾巴在原地打转一样，销售人员审视自己准备好的反驳清单，选出最能回应这一新的拒绝理由的一个，随后再重复这一过程——努力使自己听起来平稳而又自然。接着立刻又一次提出订单要求。

接着销售人员闭嘴了，等着潜在客户的回答——由于自己的反驳一针见血，所以对潜在客户这次会同意非常有信心。但是，事情的结果当然不是这样的。

潜在客户得到了针对另一个拒绝理由的他们毫不在乎的答案，于是他们又换了一个新的拒绝理由，而销售人员则会为这个拒绝理由提出另一个准备好的回应，如此循环往复，直到进入死胡同。

你认为我说的有点儿太夸张了？

其实，我并没有夸张。

事情就是这样的，全世界的销售人员都会遇到这种窘境，除非他们幸运地掌握了循环策略，从而利用偏移策略避开了第一个拒绝理由。

然而，对于第二个拒绝理由，你除了当面解决外别无他法，因为总是偏转话题会让你看起来有点过于闪烁其词了。在这里，要记住的最重要的事情是，不管你用什么反驳来回应潜在客户，答案的作用是给你说更多话的权利。

举一个例子。

假设比尔在你完成第一次循环后，并没有决定购买。相反，当你第二次提出订单要求的时候，他说：“听起来很不错。何不把你的电话号码给我，过些天我会联系你。”

你对这一拒绝的反驳应是这样的：

“我听到你说的了，比尔，但是我做这一行已经有些日子了，我学到的唯一一件事情就是当人们说他们要考虑一下或者回头联系你的时候，接下来发生的事情就是他们会把这件事抛到脑后，不是因为他们不喜欢这个想法，实际上我知道你非常喜欢这个想法，但实际情况下，我们都很忙，你回到你忙碌的生活后会忘了这件事，我不希望这样的事情发生在你身上。”

“实际上，我这样说吧：微软现在是顶尖的……”就那样，你又自然地切换到销售当中去了，你回到了在第一个循环结束时创建了无懈可击的逻辑和情感上的案例的地方。

换句话说，当潜在客户第二次用拒绝理由打击你时，你不能仅仅是回答完后再次提出订单请求，相反，你要再一次绕回到销售过程中去，并用你特意为此创建的第二种语言模式把潜在客户对“三个 10”的确定程度推到更高的水平上。

从这里，你不是直奔交易（像你在第一次循环中做的那样），你要使用一种强有力的语言模式，那将让你破解潜在客户购买组合的第四个数字，也就是他们的行动门槛。

行动门槛

从定义上看，行动门槛是一个人对购买行为感到舒服前需要达到的确定程度。比如，就我个人而言，行动门槛很低意味着你能很容易把东西卖给我。

为什么？

因为你不需要使我在确定性范围上达到“三个10”的水平才能把东西卖给我，尤其是当这一购买行为能消除我因需求未得到满足而引起的痛苦时。

举一个很能说明问题的例子：

几年前，我在澳大利亚珀斯的机场，正当我要走出机场大门时，后面传来一声巨响，听起来像有人刚刚把高尔夫球打出去了一样。

果然，当我转向刚才发出声音的地方时，我看到一个瘦高的亚洲小孩拿着高尔夫球杆，摆出胜利者的姿势——就好像刚刚打中了一个300码[①]的球。那个小孩站在用绳子隔开的促销台里，当我继续朝门口走时，我看到他把一个高尔夫球放到室内垫子上，优雅地一挥杆。从我站的地方看过去，球好像直接穿过了窗户，仔细看才发现球粘在球杆上了。

原来是某家公司开发出了一套革命性的高尔夫训练系统：

---

① 1码=0.9144米。——编者注

把魔术贴放在高尔夫球杆和正常大小的用类似海绵的材料做成的高尔夫球上，当你挥杆击球的时候，球会粘在球杆上，并且，从它粘的位置，你可以判断自己是打出了一个左旋球还是一个右旋球。

无论如何，看着那个小孩又打了几杆球，我溜达着过去想看个仔细，我想弄明白那究竟是怎么做到的。

“真的非常简单。”他自信地说，“看着，我告诉你怎么做！”说完，他把球放到白色塑料球座上，调整好姿势，向前来了一个漂亮的切球。然而，当他给我看杆面的时候，毫无疑问，球在杆面上，好像被粘在那儿一样。

“看到了吧。”他自豪地说，“我打在球的内侧，所以才有了一个漂亮稳定的左旋球，大约能飞280码！”接着他继续向我解释如果球打在靠近杆的根部或趾部的位置，你也能看得见，而这能帮助你摆脱挥杆打球最坏的结果：球斜飞出去。

所以，我花了一点儿时间来考虑整件事情。我意识到一个明摆着的事实，打高尔夫球是世界上最难掌握的运动之一，这个小小的新玩意儿不可能提高我的高尔夫挥杆技术。然而，我身体内的小混混冒了出来，于是我问：“这个多少钱？”

“只要49美元。”他回答，“用盒子装好的。你可以带上飞机。”

“好，我买一个。”我说着，就这样，我当场就买了，也非常清楚它并不会起什么作用。

但是我为什么会买呢？

为什么我做了一个直面自身利益的决定呢？答案在于，人类做出购买决定的内在机制。

准确地说，人们的脑海中同时放映着两部电影。

在做出购买决定的前一刻，你的大脑放映着两部不同的电影。积极的一部代表向上的潜力，以销售人员吹嘘的你将来所能得到的所有好处的形式展现；消极的一部代表着向下的风险，销售人员误导了你、产品是彻头彻尾的垃圾这些信息带来的痛苦萦绕着你。换句话说，你最好的结果是什么，最坏的结果是什么？

你的脑海同时放映着这两部电影，但是事情发生得如此之快，你压根没有注意到。以这个高尔夫训练系统为例，假设销售人员恰恰是一个骗人的艺术家，那么他的产品毫无用处。

如果我买了他的产品，能发生的最坏的事情是什么呢？

一个 49 美元的交易就能让我陷入贫困吗？

不，当然不是！

能让我的挥杆技术更差吗？

我非常怀疑。

我会因为被骗了而认为自己是个白痴吗？

不会，因为我只是花了区区 49 美元。所以有什么大不了的呢？

然而，当涉及考虑上升的潜力时……好吧……在那种情况下，我就会放飞想象力了。

我会对自己说：“好吧，如果这能帮助我摆脱那些无耻的斜飞球，能让我像那个瘦小的亚洲男孩一样打出漂亮的球，那么我能想象，打完一场球后，和兄弟们坐在俱乐部里，喝着啤酒谈论我挥杆技术的提高的感觉会有多棒。”

这个例子有力地说明了，像我这样行动门槛低的人，在没有任何外力促销的情况下，也会自主在脑中放映一部积极的电影。尽管我也会特别重视脑海中消极的电影，但不会花太多的时间。反之，我会在长度和强度上钝化它，我会把它变得更加简短和精炼。

关于这个问题的另一面，让我们来看看一个与我截然相反的人，即一个行动门槛特别高的人，比如我的父亲马克斯，他可以说是地球上最难对付的买方。

我父亲除非对“三个 10”绝对确定，否则不会买任何东西。你绝不可能在机场把高尔夫球的神奇妙方卖给他。实际上，当他意识到那个小孩挥着球杆是在销售东西时，他会这样说：“那个小孩以为自己是谁呢？销售高尔夫球的神奇妙方？我是说，就不能让人安安静静地走出机场，而不是试图卖点儿什么东西给他呢？另外，那个小孩凭什么是高尔夫专家？多么漂亮的球啊！多么漂亮的球啊！”

所以，即便你能让我父亲那样的人在确定性范围内达到“三个 8”的位置，他们也不可能买东西。同样的，在“8、10、

8”或者“8、9、9”的位置他们也不会买。唯一的办法就是把他们弄到“三个10”的位置，也就是让他们绝对确定。

这就是为什么我们经常会发现自己陷入困境：我们试图与那些自身回应表明处于绝对确定状态的人达成交易（对“三个10”全部都是）时仍然不能让他们跨过最后一道线。相反，他们一次又一次地拒绝，拒绝理由包括：“让我考虑一下”“我给你回电话”“给我寄些材料”等。

那么，在这些情况下，你该怎么做呢？

答案就是，立刻降低潜在客户的行动门槛。

总的来说，有4种方法能做到这一点。

第一个方法，向对方给出退款的承诺。这是一个被用于很多行业的简单常见的策略。尤其是在网上很流行，由于存在大量海外代理商和没有执照的分销商，因此收不到货的概率比线下交易大得多。

第二个方法，给客户犹豫期。让客户现在签订书面合同，但是允许其在5个工作日内撤销。这在房地产和旅游这样的管制行业很常见。尽管犹豫期基本上是被州或者联邦管制中介强制执行的，但仍然能被用作一个强有力的交易达成工具。

第三个方法，用一些话语描绘出一幅与典型的高行动门槛客户的担心和顾虑背道而驰的画面。你可以说这些话：“每一步我都会紧紧抓住你的手”“我们为自己对于长期关系的维护感到自豪”“我们有优质客户服务”。

第四个方法，也是目前为止最有效的方法：用一个强有力的、能让你暂时删去高门槛客户脑中消极电影的语言模式，使得他们放弃不切实际的长时间的消极电影画面。

换句话说，实际上，我和父亲之间的不同点就是，作为一个行动门槛低的人，我脑海中会长时间浮现主动积极的电影画面，消极的电影画面不常出现。相反，作为一个行动门槛高的人，我父亲的情况是这样的：当他面临一个购买决定时，他脑海中会长时间浮现消极电影画面，积极电影的画面则很少出现。

推翻这些电影画面的方法就是通过使用上述语言模式，比照低门槛客户修改各自的脚本。

下面举一个例子，看看如果比尔仍然因为高行动门槛保持中立态度的话，你会对他说什么。

“比尔，问你一个坦诚的问题：能发生的最坏的事情是什么呢？我是说，假设我错了，股票下跌了几个点，你损失了2 000多美元。那会让你不得不进贫民窟吗？”

“那倒不会。”比尔不情愿地说。

“确实不会。”你继续说，“当然不会！从好的一面看，假设就像我们两个都认为的那样，我说对了，股价上升了15个点或者20个点，你的资产增长了15个点或者20个点。我是说，那感觉非常棒，但是也不会让你变成城里最富有的人，对吧？”

“不会，当然不会。”比尔回答。

“确实！当然不会。不会让你发大财，也不会让你变成穷光蛋，但是这笔交易的作用就是奠定了今后交易的基础。它能够证明，我能在恰当的时间让你进入市场，也能在合适的时间让你退出市场。所以我们为什么不试试？”

“既然这是我们第一次合作，何不从小额交易开始。与其一次购买几千股股票，不如先购买 1 000 股，只需要大约 3 万美元。当然，当股价上升的时候你赚的钱也会少，但是收益比例仍然是一样的，你完全可以相信我。相信我，比尔，如果在这个项目中你只购买了其他客户的一半股票金额，你会遇到的唯一问题就是没有多买点儿。听起来不错吧？”然后你停下来等待回复。

如果潜在客户没有很快回答你，不要急着打破沉默、开始胡说八道。

你现在正处于关键时刻，你已经总结了所有的好处，你已经降低了行动门槛，并在恰当的时机提出了订单请求，你实际上加了三重保险。

所以，静静地等待客户自己给出答案！

如果你这样做了，你会发现差不多 75% 的最终从你那购买产品的客户会在此时购买。一般来说，通过花点儿时间降低高行动门槛客户的行动门槛，你可以逐步跨越那扇窗户，与那些将要成为你忠实客户的人达成交易。

实际上，使得对高行动门槛客户付出的额外努力物有所值的就是他们往往能成为长期稳定的客户。他们是典型的愿意给小费的人，他们不介意出高价，他们基本上不会为了另外一个销售人员而离开你，即使他们能得到更划算的交易。他们一般对终于找到能打破自己有限认识、赢得他们信任的销售人员感到非常开心。

我父亲就是一个极好的例子。

从小到大，我着迷地看着他只与几个基本上能满足他所有需求的销售人员打交道，而且他从来不质疑任何事情——价格、交付时间、竞争产品、他们推荐的选择或者特征、购买数量、要提供的担保。前提就是他把那些销售人员都看作他们领域的专家，他相信他们所有的判断。

讽刺的是，正是这些像我父亲一样绝对忠诚、唯利是图的、行动门槛高的潜在客户，最终从大部分销售人员手中溜走了，当然那些天生的销售人员和学习过直线系统的销售人员除外。

对学习过直线系统的销售人员而言，仅仅在常规的销售路径上再稍微向前推进一步就能搞定这些“十分难缠的潜在客户”了，即破解他们购买密码的第四个数字——降低行动门槛。

进行额外的循环

我们已经完成了两次循环了，我们还需要进行多少次呢？

问得好。

我是说，我们究竟要进行多少次循环呢？

3 次？ 4 次？ 5 次？ 10 次？ 20 次？

在我回答这个问题前，让我们先来说说那些还没有买东西的客户，对于他们，你至少要多进行一次循环。毕竟，他们的购买组合中还有一个数字要处理，那就是他们的痛苦门槛。

一般来说，感觉到巨大痛苦的人的行动会很快，相反，否认痛苦的人的行动会缓慢一些。所以，客户感觉到的痛苦程度与他们的行动门槛是成反比的。

换句话说，就像我们能通过运用语言模式来降低客户的行动门槛一样，也有一些平日发生的事件能影响它，当涉及降低行动门槛时，最主要的事情就是客户当前感受到的痛苦有多强烈。

下面这个例子很好地说明了这件事在真实生活中是怎样发生的。

在我 9 岁的时候，我爸爸开车带我们来到了华盛顿，这是我们乘着家庭汽车一路到佛罗里达州迈阿密海滩的为期两个星期的暑假活动的一部分。当水泵爆裂时，我们在特拉华州的某个地方，那里离家大约两个小时的车程。突然，车开始发出响声，仪表盘的灯开始闪烁，引擎盖开始冒烟，父亲骂骂咧咧地把车停到了路边。

现在，在这，你需要明白的是当有人要碰我父亲的任何财产时，包括日常用品，如他的 T 恤、领带、腕表、相机，他都会格外敏感。30 年来他一直找同一个理发师剪头发。在他所有的财产中，他最关心的就是他的车。没有人，我是说没有人能打开车的引擎盖以检查出了什么问题，除了当地太阳石油加油站的吉米。

然而，在那天，当全家人被困在路边时，离家 120 英里，太阳慢慢下山，温度逐渐降低，你知道我父亲做了什么吗？他走到最近的加油站，对店主说："不管花多少钱，我需要你马上把我的车修好！"

在那一特殊时刻，他从家人可能处于危险中感受到的痛苦使得他的行动门槛降到了非常低的水平，就这样，他变成了世界上最好说话的买方。

这就是为什么你要在两个场合引入客户的痛苦：第一，在信息收集阶段，你要识别出潜在客户的痛苦是什么，如果有必要的话，放大它，确保潜在客户会从那个角度听你的销售演示；第二，就是在此时此刻，你要再次引入客户的痛苦，在第三次循环的开头，你要用听起来像这样的语言模式："现在，比尔，我知道你说过因为社保的……你担心退休后的生活"，等等，然后你要问潜在客户如果不能采取行动，那么情况会怎么样，以此来加强他们的痛苦。

用一种同情的语气，你要说："比尔，请允许我问你一个问题。鉴于过去 12 个月事情变得越来越坏，一年后你觉得自己会怎么样呢？或者，更糟糕的是，5 年以后呢？考虑到这些不眠夜和担忧，事情会变得越来越糟吗？”在整个过程中你都要保持非常同情的语气。

如果这样做，十有八九，潜在客户会说：“充其量也只是和我现在的情况一样，但是也很有可能变得更加糟糕。”

这时，使用“我在乎”和“我能体会到你的痛苦”语调的机会来了：“我明白了，比尔。我见过好多次这种情况了，我也知道除非你采取行动，否则事情不会自己解决。”

“实际上，请允许我说：幸运的是……”现在你要用为每一个“三个10”创建的简明扼要却又强有力的语言模式组合，快速地再次推销“三个10”，你现在应当关注的是销售等式中有关情感的部分——用未来图景为潜在客户构建一幅未来没有痛苦的画面，在那里他能真切地看到自己用了你的产品后得到了实实在在的好处，并因此感觉很好。之后，你应当直接转换到柔和的结尾部分，并再次提出订单请求。

记住，除了进行第一次循环时你可以偏转潜在客户的第一次拒绝以外，你的其他循环都要从回应潜在客户给出的任何拒绝理由开始，但要知道，不管一个反驳理由听起来多么好，它的目的仅仅是为你赢得说更多话的权利。你在反驳之后说的话才能说服潜在客户达成交易。

现在，在这个时候，如果潜在客户抓住同样的拒绝理由不放，那么你应该感谢他们，让他们继续过他们的日子。毕竟，你不想成为一个高压的销售人员，不停地循环，循环，再循环。

至于你可以循环的最多次数，理论上讲，次数是无限的，但是我强烈建议你不要挑战极限。实际情况是你能通过潜在客户的行为举止知道什么时候可以继续。如果他们变得急躁或者因为压力公然大笑，那么就是你做得有点儿过分了。

实际上，你一旦意识到潜在客户有感觉到哪怕是一点儿压力，你就要立刻停下来，说一些这样的话："吉姆，请不要认为我是一个咄咄逼人的家伙，我只是觉得这真的非常适合你……"此刻，你有两个选择。

选择一就是把这当作回到销售的机会，再试一次——密切关注你自身的语调和肢体语言以及客户的语调和肢体语言。在你这边，你要避开任何谈及绝对确定或十分热情的无意识交流，把注意力放在绝对真诚和"我能感受到你的痛苦"上。在潜在客户那边，你要把注意力同时放到他们的有意识交流和无意识交流上，如果有任何信号显示他们感到有压力或者有一丁点儿感到不安，那么我会立刻转换到第二个选择上。

选择二就是把这当作一个重建与客户友好关系的机会，这样你就能很好地完成这次交易，同时也为回访创造了可能性。在这种情况下，你可以这样说："吉姆，不要认为我是一个咄咄逼人的家伙，我只是觉得这真的非常适合你。"然后换成非常真诚的语调，补充说："所以，我们何不这样做：我把你正在寻找的信息通过邮件发给你。"（不管客户最后的拒绝理由是什么）；

“然后给你几天时间来仔细研究一下，同时你也可以和你爱人商量一下。”（不管他们第二个拒绝理由是什么，如果没有拒绝，那么你可以省略这一点）；“那么我们下个星期可以再谈谈，等你一切都准备好的时候。听起来不错吧？”这样，你就可以决定是主动给客户回电话还是等待客户给你回电话。

选择哪条路取决于很多因素，在不知道你所在行业具体细节的情况下，我不能给出一个确定的答案。但是，如果有一个我会考虑的因素，那就是给你回电的客户中最终购买的比例是多少。如果比例非常低，那么由于时间管理的原因，我会建议你让对方采取行动，并等待对方回电话——这样能确保你只和那些真正有兴趣的人对话。

另一方面，如果回电的潜在客户中最终变成客户的比例很高，那么我会要你采取行动，给潜在客户回电话。

最后一点，永远不要忘了等式中道德的一面，那就是不要用痛苦来折磨人们，而是要用它通过帮助人们做正确的购买决定使人们强大、拥有自己真正需要的东西。

结语

当涉及直线系统在真实世界中的运用时，销售人员经常犯的一个错误便是：在修改系统的核心语言模式以使其适应自己所在的行业时，往往比较死板。

比如，我讲过的大多数语言模式非常适合保险、金融服务、教育、太阳能产品、维生素、网络营销以及其他一些由销售人员主动推销产品或服务的行业的销售人员。

然而，如果你在一家零售商店工作：卖电视机、衣服、运动用品、电脑或者其他类似的东西，那么，很显然，如果问一个潜在客户他刚才试穿的T恤对他来说是否有意义就没有多少意义了。

所以，在这类场合中，主动模式不是特别适合，你要做的就是让它适合你当前的处境。比如，如果你在一家电子产品商店售卖电视机，那么你可以对潜在客户说："所以，您觉得怎么样？这是您正在寻找的产品吗？用起来是不是很顺手？"而不是说："这台电视机对你有意义吗？"这听起来非常荒谬可笑。

记住，当我最初创建直线系统的时候，它是用来把5美元的低价股通过打陌生电话卖给美国最富有的人的。从那以后，我把这个系统教给了无数人，你能想象得到的任何行业都有，只要对其中的核心语言模式稍稍修改，他们就能取得令人难以置信的成绩。

我想要表达的意思就是，当要把直线系统运用到它最初为之设计的行业以外的其他行业时，成功的关键则是，在创建你自己的核心语言模式时要尽可能的灵活——把常识当作指明灯，确保一切都合适。

直线系统是一个非常有力的说服系统，差不多能在几天之内改变你的生活。我已经在全世界无数个行业见证了奇迹的发生。

那些从来没有做成过任何事的人突然完成了他们做梦都没想到的事情，他们甚至过上了做梦也没想到过的自主生活。

他们运用直线系统掌握了说服的艺术，同时没有牺牲道德和良知，之后这些神奇的事情便发生了。毕竟，没有道德和良知的成功根本谈不上成功。

我历经磨难才学到这一点，但是你不需要——尤其是有这本书作为你的向导。

附录

直线系统的语言结构

前 4 秒

有意识和无意识地建立友好关系

收集信息

转换到演示的主体部分

提出订单请求

在循环中偏移并建立确定性

降低行动门槛

增加痛苦

达成交易

大量的引用

开发相伴一生的客户

核心语调

1. “我在乎”“我真的想知道”
2. 描述一个问题
3. 神秘 / 煽动
4. 稀缺性
5. 绝对确定
6. 十分坦诚
7. 讲道理的人
8. 把钱放一边
9. 明显暗示
10. “我能感受到你的痛苦”

致谢

我必须感谢很多人。我想感谢我的代理人，简·米勒这个精力超群的人，还有西蒙与舒斯特公司的整个编辑团队。他们对我几乎停滞不前的撰写进度的无限耐心弥足珍贵。没有他们，这本书极有可能还在草稿阶段。感谢你们时不时轻轻推我一下，促使我完成本书的撰写。我也想感谢我的经理，斯科特·兰伯特，不管处于什么情况下，他一直对我充满信心，还有亚历山德拉·米尔肯，他是第一个让我相信自己能成为一个作家的人。没有你们持续不断的支持，我不确定是否能成为今天的自己。

我想把最特别的感谢送给我最亲爱的朋友巴里·盖瑟尔。如果他今天在这里，我知道他会是我最坚定的支持者。我永远不会忘记这些年来他对我的信任、建议以及支持。我想你了，巴里。

向我的家人致敬：安妮、卡特、钱德勒和鲍文，我知道这本书很耗费精力，所以感谢你们允许我把精力放在这上面。我迫不及待地要再次感谢你们，用你们喜欢的取笑我的独特方式感谢你们。同样，我需要对杰夫·图兰戈大声说句感谢，他在工作日早晨陪我打网球的时候从来不会犯任何小错误，他让我在工作日时刻保持清醒，接着是文斯·斯佩德，他周末早上的网球时间让我在周末保持清醒，幸运的是，与他打球时我没有忙于挑战他成功打败的那些人或者试着弄明白一个在打球时不停说话的人如何还能成为世界上顶尖的网球手。

最后，我要感谢我的父母，他们在我一生的各种波折中一如既往地支持我，是他们让这一切变成了可能。我爱你们，爸爸和妈妈，对你们感激不尽。